建築・まちづくり学のスケッチ

新しい建築・地域デザインの時代に

志村秀明

花伝社

スケッチを描く著者（撮影：津曲真央）

恩師 小澤 尚先生に本書を捧げる

はじめに

　私はスケッチが好きだ。まず、旅行が好きだ。遠くに行かなくても、初めて行くところ、しばらくぶりに行くところ、海外、国内を問わず、東京近郊でも都内でも、まちの様子や建築を眺めて楽しめる。よせばいいのに、どこにでも出掛けていくので、「フットワークが軽い」などとお世辞を言われることもある。内田百閒の『阿房列車』も楽しく読める人間だ。

　実際には悲しいかな、多忙な生活を送っているので、「旅行」というよりかは「出張」という味気ない移動ばかりしている。しかし、そんな味気ない出張の合間に、まちや建築を眺めては好きなスケッチを描いている。

　ところが、コロナウイルスの感染拡大で、すっかり生活のペースが狂ってしまった。まちづくりの研究者として必要不可欠な活動の「フィールドワーク」や「市民ワークショップ」などが全くできなくなってしまった。学会や国際会議もオンラインで、大学の研究室や自宅から参加している。

　近所に行くこともはばかられるとなると、好きなスケッチも描けない。以前は早いと１ヶ月で埋め尽くしたスケッチブックが、２年近く経っても白紙ばかりだ。

　そこでどうしようかと考えたのだが、無理にスケッチを描きに出掛けてコロナウイルスに感染しては大変なので、自宅で大人しくして、「スケッチに関する本を書こう」と思った。幸いに、これまで描いたスケッチブックと草稿を出版社の方に見て頂いたところ、出版を了承して頂けた。

　私は大学の建築学科で、製図の授業の中ではスケッチも指導し

ている。そのことを聞きつけた、私の授業を履修できない他コースの学生から、「スケッチの指導をして下さい」と頼まれたこともあるので、書籍にするのもちょうどよい機会だと思った。

　以上のことから本書は、読者として主に、建築やまちづくりに興味がある大学生や高校生を対象としている。しかし多くの方々に読んで頂けるように、専門書ではなく、一般書としてできるだけ平易な記述とした。

　タイトルの通り、内容はほとんど私のスケッチについてである。画家でもない人間が、スケッチについて諭すとは身の程知らずと言われそうだ。どうか、僭越な内容をご勘弁頂きたい。

建築・まちづくり学のスケッチ
——新しい建築・地域デザインの時代に

目次

第 1 章

建築・まちづくりに向き合うスケッチ

1-1　スケッチを始める前に

なぜ、建築やまちを観たくなるのか？

　建築やまちを観ることは楽しい。一面に広がる美しい田園風景、山や海といった雄大な自然風景を眺めるのもそうだ。まだ観たことがない、訪れたことがない、見知らぬ土地に行くことはワクワクする。たいていの人は、旅行ガイドブックやテレビ番組、ウェブサイトで紹介される国内外の様々な観光地に、いつかは行ってみたいと思っているだろう。実際にコロナ禍以前には、観光客が大挙して押し寄せるオーバーツーリズムと呼ばれる現象が、いくつかの有名観光地で起こっていた。

　私は、大学の建築学科で教鞭をとっているが、それこそ建築学を専攻している学生達は、有名な建築作品や、歴史的なまち、美しい風景を観てまわりたいと常日頃から強く思っている。

　そこで私は時折、「なぜ、建築やまち、田園風景、自然風景など、様々な土地を訪ねて、観たいと思うの？」と、学生達に問いかけてみる。すると学生達は、意外な質問に戸惑いつつも、「好きだから」などと答えるが、「なぜ好きなの？」とまた質問すると、皆、答えに窮してしまう。真面目な学生は、「先生に観に行けと言われるから」「勉強だから」「デザインを学べるから」などと答える。このような答えは、真面目で頼もしいことではあるが、誰から言われることなく、皆、心の底から、まちや建築を観ることが好きなのだ。また、「ご当地グルメを食べられるから」といういかにも若者らしい答えも返ってくる。一見不真面目な答えのように思えるが、その土地の魅力を体験的に知ることは、まちや地域の活性化といったテーマも担う建築学やまちづくり学では重要な学修だ。このような学生も皆、まちや建築を観ることが、心の底から好きなことにはかわりない。

答えが思い浮かばず黙ってしまった学生達に、これは私の見解だと前置きしつつ、「他者を知ることができるからだ」と説明している。「他者」とは、自分以外の者というよりも、普段体験しているものとは異なる建築やまち、さらに建築やまちを形成してきた人々や地域社会、文化、歴史、風土のことである。しかしこれだけでは、まだ学生は意味が分からず、口をポカンと開けている。そこで私は続けて、「他者を知ることで、自己を知ることができるからだ」と説明する。「自己」とは、自分自身というよりも、普段生活している建築やまち、身近な人々や地域社会、文化、歴史、風土のことであり、「自己を知る」とは、その長所や短所、特徴を知るという意味である。何となく意味が分かってきたような学生達に、「他者を知り、自己を知ることは、生きる術（すべ）を知ることになる」とさらに付け加える。「生きる術を知る」とは、「知識や技能の修得による自己の向上」だけではなく、「自己が関わる建築やまちの向上」も含まれる。生き延びるためには、自己を向上させるだけでは不十分で、普段関わっている建築やまち、人々や地域社会にある問題が解決されて、身近な生活環境全般が向上していかなければならない。

　精神科学者によると、人間という生物は、種が保たれるために、進化の過程で、「他者を知り、自己を知り、生きる術を知る」ように脳がつくられてきたという。脳内の伝達物質の一つで報酬物質と言われる「ドーパミン」は、人間の行動を促す働きがある。進化の観点からすると、脳は新しいもの好きらしい。それは、周囲の環境を理解するほど、生き延びられる可能性が高まるからだそうだ。

　「他者を知り、自己を知り、生きる術を知る」という欲求は、人間の本能なのだ。そして「知らない土地を訪ねて、まちや建築、田園風景、自然風景を観たい」という欲求は、建築やまちを学ぶ人間の性分と言ってよいのだろう。無意識のうちに脳の中にドー

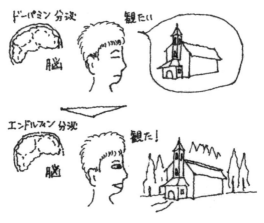

まちや建築を観たい、観て「楽しい」時の脳

パミンが分泌されて、様々な土地を訪ねて、観てまわる。「楽しい」という感情は、「エンドルフィン」という伝達物質が分泌されることで生じるらしい。

　この私の見解は、精神科学的には飛躍し過ぎた解釈かもしれない。しかし学生は、「何だか説得力がある」と納得してくれている。

観よう！感じよう！体験しよう！

　建築学科の学生は、座学に加えて設計演習や実験があり、理系の大学生の中でも特に忙しいと言われている。夏休みや春休みも、特別演習やインターンシップなどがあって、建築やまちを観るために旅行することもままならないようだ。

　なんとか休みをつくって、建築やまちを観に行こうとすると、「あれも観たい、これも観たい」となって、ついつい詰め込みがちなスケジュールになるようだ。私も学生時代に、似たような経験がある。とあるまちに出掛けて、朝から建築めぐりをすると、

だんだんと時間がなくなり、かつ疲れてくる。最後の方は、建築や街並みを観られる場所に到達することが目的となり、観た時間は実質10分ほどだったという苦い経験もあった。こんな苦い経験について話すと、学生達は「そうだ、そうだ」という顔をする。

そこで私は、できるだけ時間をつくって、スケッチすることを心がけるようになった。建築やまちを観てまわるのに、スケッチする時間をはじめから計算に入れておく。研究者になって、調査や学会参加で、国内外の様々なまちへ出掛けるようになってからは、日程の合間を見つけては、近くにある建築やまちを観に行き、スケッチするようになった。「建築やまちに向き合う時間」を確保することは、日々仕事に追われる毎日の中で、自己の研究の立ち位置やアプローチが間違っていないか確認する機会であり、また大切なリフレッシュの機会となっている。

当然、まちや建築のスケッチを描くためには、時間をかけてよく観なければならない。余程のことがなければ、急ぐことはせずに、最低30分は時間をかけて描くようにしている。そうすると、まず建築の意匠や、仕上げ材料、街並みや風景の特徴に気づく。次に、人が通りかかる、たたずむ、会話する、遊ぶといった営みに気づく。さらに日差しや風、鳥のさえずり、虫の声といった自然の移ろいにも気づく。このようなことが、建築やまちに向き合い、その空間や場を感じ、体験し、本当の意味で理解することになる。

近年ではインターネット上に、建築や街並み、風景の写真や動画、3次元地図などの情報が充実していて、現地に行かなくても観たつもりになってしまう。スマートフォンばかり見ていて、身の回りの建築やまちを全く見ない人も多い。「観る」「感じる」「体験する」といった基本的な行為の大切さを再認識すべきだろう。

またパソコンやタブレットといったデジタルデバイスが発達し

て、コピー＆ペーストという作業が幅をきかせている。コピー＆ペーストが恐いのは、よく考えていなくても、何となく図や絵、文章ができてしまうことだ。建築図面はCADといったデジタルで仕上げることが一般化しているが、デジタルで描かれている図や絵は、たとえ不十分であっても「完成している」と人々に思わせてしまう。また「完成」とは、「デザインの完結」を意味してしまい、「まちづくり」という「関係者が対話と協働を絶えず繰り返す、終わりのない創造的なプロセス」にならない。自分でオリジナルなものを描くという基本的な技能の大切さを、やはり再認識すべきだろう。

このように考えてみると、「描ける」人は、デザイナーでも研究者でも、「この人はしっかり観てくれている、考えてくれている」と、人々から信頼されるだろう。

1-2　さあ、スケッチを始めよう！

スケッチの心得

　当然、建築学科の学生達にも、建築やまちを観てスケッチすることを薦めている。薦めるだけではなく、担当している製図の授業では、「透視図」の描き方と合わせて、スケッチの描き方も指導している。

　透視図には、「焦点」がある。焦点が観る人の目線の高さにあることを意識すると、スケッチする建物や街並みが不自然に歪んでしまうことはない。

　またスケッチは、そこにある建築や街並みや風景を、見えるがままに描くのだが、これが案外と難しい。そこで、透明なアクリル板を画面として、描こうとする建築や街並みの外形線や意匠を透かし見て、アクリル板上に線でなぞるようなイメージだと説明する。これが会得できると、描こうとするものの、高さ方向と幅方向のプロポーションが狂わないようになる。実際には、スケッチブックの紙の上に描くので、描く対象物を透かして観ることはできない。そこで、ペンなどを使って描く対象の高さ方向と幅方向の大体の長さを測って、プロポーションを確かめながら描く。また遠くのものが焦点に向かって小さくなっていくことによる軒

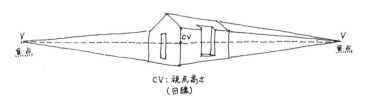

CV：視点高さ
（目線）

透視図：建築などの外形線は、目線の高さにある焦点に収れんしていく。

スケッチは、見えるものを
アクリル板上になぞり描く
ようなもの。

実際には、ペンなどを使っ
て描く対象の高さ方向と幅
方向の大体の長さを測る。
（撮影：津曲真央）

先線や棟線、窓の角度も、やはりペンなどを使って確かめながら
描く。

　また道具としては、持ち歩きし易いように、ポケットサイズの
スケッチブックや固形絵の具セットを薦めている。またスケッチ
だけではなく、常にペンを持ち歩き、気づいたことをメモするこ
とも習慣化するように指導している。

　さすがは建築学科の学生で、このくらいの指導で、元々絵心が
ある学生は、かなり上手いスケッチを描くようになる。しかし苦
手意識が先行して、上手く描けないと躊躇し、逃避してしまう学
生も多い。

　そこで学生達には、「まちや建築を楽しむ」という初心を忘れ

ないことだと諭している。スケッチが辛くなり、まちや建築を観る楽しさを忘れてしまっては本末転倒だ。スケッチも楽しみながら描くことが大切で、最初は下手でも、何度もトライして練習していくと、少しずつコツが分かってきて上手くなっていくものだ。例えば線の引き方だ。フリーハンドで線を引く時は、多くの学生は怖々と少しずつ線を引いてしまうが、それではダメで、線を引く時にはある程度の長さを一気に引かなければならない。またデッサンのように柔らかく細かい線をたくさん引く人が多いが、鉛筆の場合は、ある程度力を入れてはっきりとした線を引かなければならない。このようにコツが分かってくると、スモールサクセスが積み上って苦手意識がなくなり、徐々に楽しく描けるようになるものだ。

　どうしてもスケッチが苦手だという人は、いきなりスケッチではなく、配置図や平面図、立面、断面、部分詳細といった建築の図面を綺麗に描くことから始めてもよい。図面を描くのには定規を使うが、線を引くよい練習になるからだ。定規で綺麗に線を引けるようになったら、フリーハンドで線を描いてみよう。

　また漫画やアニメが好きという人は多いと思うので、建築や風景の簡単なイラストを描くことから始めてもよいと思う。あるいは、一定の力で書く独特の「製図文字」で、綺麗にメモや文章を書くことから始めてもよい。スケッチだけではなく、「イラスト＋メモ」で記録するという方法も、「観て描く」立派な技能の一つだからだ。

スケッチの建築・まちづくり学的意義
　建築・まちづくり学のスケッチは、スケッチを上手く描くことが目的ではなく、建築やまちという空間と場をよく観て捉え、理解することである。

　早稲田大学都市計画研究室の大学院生だった時に、イタリアで

行われた国際都市デザインワークショップに参加したことがあった。日本からは早稲田大学、米国からはカリフォルニア大学バークリー校都市デザインスタジオ、地元イタリアからはフェラーラ大学都市計画専攻と、３つの大学の学生と教員が参加して、エミリア・ロマーニャ州のサッスオーロという小都市の歴史的市街地の改善を提案するものであった。

　この時、驚いたのが、日本・米国・イタリアという３つの国で、都市デザインの学修方法がかなり異なるということだった。特に印象に残っているのが、日本と米国は教科書といったテキストや資料の参照が中心なのに対して、イタリアでは「そこに実在する建築や都市こそが教科書だ」と教育されるそうだ。イタリアでは歴史的な建築や都市空間が大切に保全されて、さらに人々の暮らしと地域社会や文化も大切にされている。まさにそれらの建築や都市空間、人々の営みと文化、歴史を観て学べということだ。

　一方日本では、「建築自由」という原則の下、歴史的建築物は次々と壊されて、新しい建築物が無秩序に建設されている。歴史的・文化的価値が認められた単体の建築は、文化財に指定されることで残せたとしても、まちを構成するほとんどの建築は、文化財とはならないので残すことは難しい。歴史的建築物やまちを保全する制度は、文化財保護法の「重要伝統的建造物群保存地区」への指定ぐらいしかないので、伝統的な地域社会や文化も継承することが難しくなっている。これでは、とても建築や都市デザインの教科書にはならない。

　しかし現実の建築や都市空間、人々の営みと文化を直視する姿勢は学ぶべきことだろう。日本の都市は反面教師としての価値はあるだろうし、歴史的建築や都市空間、地域社会と文化が次々と失われていく実状を認識しないことには、未来に向けてのまちづくりは成り立たない。かろうじて残っている歴史的な建築物や街並みを、多くの人々がしっかり観てスケッチするようになれば、

それらを再評価して、大切にしよう、活用しようという共感の輪を広げられるかもしれない。

スケッチの道具

　ここでは、私が使用しているものを紹介したい。

　まずスケッチブックは、画用紙が束ねられたポケットサイズのものであれば、何でもよいと思う。実際にこれまで、画材店に行って見つけたものをあれこれと使ってきた。一点だけ注意するのは、持ち運ぶときに、めくれてページを傷めてしまう恐れがあるので、紐やゴムバンドで留められるタイプがよいと思う。紐もゴムバンドもないものを買った場合は、髪留めのゴムバンドで留めればよい。また厚手のものは、持ち運ぶのには重いので避けている。現在よく使用しているのは、「MOLESKINE（モレスキン）」の縦型スケッチブックで、ゴムバンドで留められて、重さもちょうど良く、格好も良い。しかし、140㎜×90㎜という画用紙サイズは、若干小さいと感じている。

　ペンはずっと製図用 0.5㎜芯シャープペンシルを使っていた。デッサン用の鉛筆を使う方がスケッチにはよいとは思っていたが、何せシャープペンシルは便利で使い勝手がよいし、建築・まちづくり学のスケッチは、上手いスケッチを描くことが目的ではない。ちょっとした時間にすぐにスケッチに取りかかれるように、ペンは機能的なものがよい。メモもすぐにできる。

　私はシャープペンシルに代えて、2017 年頃からは、耐水性のインクペンを使用している。理由は、素早く鮮明な線が描けるからだ。鉛筆ならではの繊細な線の魅力に、後ろ髪を引かれる思いはあったが、手早さを選んでしまった。インクペンの弱点は、失敗しても消せないことだが、建築・まちづくり学のスケッチは、完璧で芸術的なスケッチを描くことが目的ではない。実際に描いてみると、多少失敗した線を描いてしまってもごまかせるものだ。

建築製図で、下書き線を消さずに残した方が、図面の風合いがでてかえって見栄えがよいのと同じようなものだろうか。インクペンは、指へのフィット感がよいので、「COPIC MULTILINER 0.3 mm」をずっと使用している。建築図面の墨入れで使用するロットリングの簡易型ペンで、建築関係者ではなじみがある一般的なペンだ。しばらく使用していると、ペン先がつぶれてきたり、インクがなくなるが、金属タイプのものは、取り替え用のペン先やインクがあるので、交換してずっと使用できる。

　私はいつもスケッチを着彩している。着彩した方が、建物の素材や、植物や水、空といった自然の色合いまで観察することになるし、描けるからだ。スケッチの見栄えも格段によくなる。微妙な色合いを手早く表現するには水彩絵の具がよい。持ち運びやす

私がこれまでに使用してきたスケッチブック。国内外の画材店で購入した。

スケッチで使用するシャープペンとインクペン

いのは固形絵の具で、それも携帯用のコンパクトで上質なものがよい。私は英国製「Winsor & Newton」の絵の具セットを、30年近くずっと使っている。恩師のランドスケープデザイナー・小澤尚先生（故人）に教えて頂いたもので、80mm×60mm×15mmとかなりコンパクトでありながらも、18色の上質な絵の具が収まっている。とても気に入っているし、この絵の具セットはかなり前に生産が終了しているため、大切に使い続けている。上質な絵の具セットは優れた色が揃っていて、描きたい色がすぐにつくれる。長い間使っていると、絵の具がなくなってくるが、交換用の絵の具が画材店でバラ売りされているので困ることはない。しかしバラ売り絵の具は、この小さな絵の具セットには収まらないので、カッターで収まるサイズに切って入れ替えている。このくらいの苦労は仕方がない。フタがパレットになっているのも機能的だ。全体がとてもコンパクトなので、筆は折りたたみ式になっている。筆は使い続けていると筆毛が抜けてくるので、5年ぐらいで代わりのものを画材店で購入して取り替えている。水入れは、プラスチック製の醤油差しが軽く、小さくて最もよい。あとは、描き終わったとに、筆やパレットを綺麗に拭くためのティッシュペーパーが数枚あればよい。

絵の具セット。水入れは
「醤油差し」を使用。

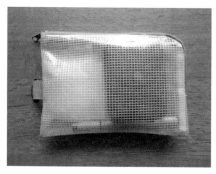
スケッチ道具一式を入れている
ビニール袋

　以上のスケッチ道具一式を、100 円ショップで買ったファス
ナー付きビニール袋（180mm × 130mm × 20mm 程度）に入れ
ている。本当にコンパクトに収まっているので、デイパックや肩
掛けバッグに入れて持ち歩きやすい。絵の具セットだけは若干高
価だが、特別な道具は一切使っていない。その気になれば、だれ
でも揃えられるスケッチ道具セットだ。

いつスケッチするのか

　スケッチすることを、ここまでさんざん薦めていながらも、実
は私は、それほどこまめにスケッチしている訳ではない。悲しい
かな普段は、日々の仕事に追われてスケッチをするほどの時間は
ないし、心の余裕もないからだ。自分がそうだからという訳では
ないが、皆様にも心の余裕がある時にスケッチすることをお薦め
したい。それでも次章「スケッチの履歴」で説明する通り、かな
りのスケッチが描きたまっていくので心配はいらない。

　私の場合、いつ心の余裕があってスケッチするかというと、調
査や学会に参加するために、東京を離れて国内各地や海外に赴く
時だ。日頃の生活圏を離れて、「他者」にふれあうことになるの
も、スケッチを描きたくなる理由だろう。そのため出張がない期
間、例えば 2 〜 3 ヶ月間スケッチしないことがよくある。建築・

まちづくり学のスケッチは、「建築やまち、自然を観る、感じる、理解する」という技能と自己の研究の立ち位置やアプローチを確認することが目的で、決して上手いスケッチを描くことが目的ではない。こまめに実践するにこしたことはないが、基本的な技能が修得できていれば、時々実践する程度でもそれなりのスケッチは描けるものだ。

　地方や海外に行って、気に入った建築や風景があり、時間があったとしても、座って落ち着ける場所がないためにスケッチできないことが少なからずある。欧州の広場や美しい景観を眺められる場所には、たいていベンチがあるので、座ってスケッチできる。しかし日本では、美しい建築や街並みの場所には、まずベンチといった座るところがない。折角のよい場所で腰掛けられないのは、スケッチをたしなむものにとっては、大いに不満なことだし、都市デザインとしても上手くないだろう。私は、余程のことがない限り、立ったままでスケッチはしない。立ったままではスケッチしづらいし、楽しくもないからだ。どうしても立ってスケッチする場合は、ペンで線だけ描いてから、描く対象が見える近くの座れる場所に移動して着彩する。

　皆様にも、たいへんな、辛い思いまでしてスケッチすることはお薦めしない。楽しくスケッチするのが一番だと思う。次章では、僭越ながら私が楽しく描いてきたスケッチをご紹介する。多少個人的なものもあるが、「建築・まちづくりに向き合うスケッチ」のメッセージが詰まっている。

第 2 章

スケッチの履歴

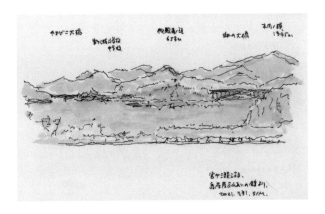

スケッチを描きためるようになったのは、建築設計事務所を辞めて、早稲田大学大学院都市計画研究室に入った20代後半の1997年頃からだった。しかしながら日々の研究活動やアルバイトに追われて時間と心の余裕がなく、調査やワークショップのために地方や海外に出掛けて、たまたま時間と心の余裕ができた時に、ほんの数枚だけスケッチする程度だった。博士論文を書き上げ、芝浦工業大学工学部建築学科の教員になってからも、それこそ教育や研究、社会活動に追われる毎日で、やはり出張時に時折スケッチする程度だった。

　スケッチの数が格段に増えたのは、2009年度の一年間、米国のカリフォルニア大学へ研究留学した時からだった。この研究留学中も何かと忙しかったが、日本に居る時とは比べものにならないほど時間と心の余裕があった。またそれこそ「他者」に囲まれた世界だったので、全てが新鮮で興味深かった。この研究留学中の一年間だけで、50枚のスケッチを描いた。

　この研究留学のお陰で、ちょっとした時間にこまめにスケッチする習慣が身についた。きっかけとは、本当に大切なものだと思う。数えてみたところ2021年9月20日時点で、描きためたスケッチブックの数は14冊、スケッチの数はちょうど500枚になった。スケッチという行為は、本当に重要だとつくづく感じている。出張に時折スケッチするだけでも、スケッチという行為を通じて、まちづくりの研究者であり教育者、デザイナーとしての視座やアプローチがぶれていないか確認できるからだ。そして、建築やまち、自然風景と向かい合うことによって、何よりもまず心が静まるし、目指すべきまちや地域の様々な目標像を頭の中に蓄積できる。

　ここでは、描きためたスケッチを紹介することで、どのようにまちづくりの研究者や教育者、デザイナーとしての視座やアプローチを確認しているのか説明していきたい。これはあくまでも

私のケースだが、スケッチの機会をつくり出している出張の種類
毎に整理して紹介していくことで、まずはどのような機会に、ま
た何に着目してスケッチするのかお分かり頂けると思う。そして
スケッチを通じて、建築やまちの空間、人々の暮らし、社会や文
化について、どう観るのか、理解すべきなのかを伝えたい。

2-1　研究留学で　米国カリフォルニア州バークリー

　2009 年度の一年間、サンフランシスコ近郊のまち・バークリーにあるカリフォルニア大学の外来研究員として過ごした。東京での日々の仕事に追われる毎日と比べると、やはり余裕があった。

　この研究留学の前後にも、バークリーとカリフォルニア大学には、研究者との交流や友人と会うために度々訪問している。

バークリーとその近郊

　カリフォルニア大学のシンボル・Sather Tower。印象的な鐘の音が時を知らせてくれるので、教授たちは「カンパネッリ」と呼んでいる。「鐘楼」のイタリア語である。この美しい鐘楼は、キャンパス内にとどまらず、バークリーのまちにとっても大切なランドマークで、人々は鐘楼を望む風景と、鐘の音を愛おしんでいる。

　大学の正門・Sather Gate。この門から始まる Telegraph Ave. が、南にあるオークランドへと真っ直ぐに延びている。バーク

Sather Tower
2007.8.23

リーのまちは、この通りを軸として形成されていった。ゲートの中央上部には、ラテン語で「そこに光あれ」と記されている。まさにここは大学だ。

　カリフォルニア大学の中央図書館・Doe Library。広い芝生の広場に面して建っている。1917年の建築で、1990年に大規模な耐震改修が行われた。大学内だけではなく、まちの中でも歴史的建築物・建造物が大切に使われている。耐震改修時に、広大な蔵書室が地下につくられた。

Sather Gate
2009.8.11

Doe Library
2009.8.8

中央閲覧室は巨大な吹き抜け空間で、妻面の大きな窓とトップ
ライトがあり、自然光の中で気持ちよく読書や研究作業ができる。
この中央閲覧室を含めて、中央図書館は市民も利用できる。

　都市デザインスタジオがある環境デザイン学部が入る Wurster
Hall の中庭。歴史的建築物が多いカリフォルニア大学の中にあっ
て、Wurster Hall は珍しくコンクリート打ち放しの近代建築だ。
この建物の裏側に断層が見つかったため、念入りに耐震補強され

Doe Library
中央閲覧室
2009.8.21

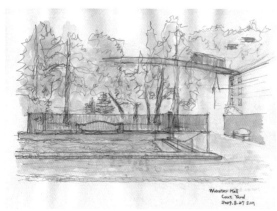

Wurster Hall 中庭
2009.8.27

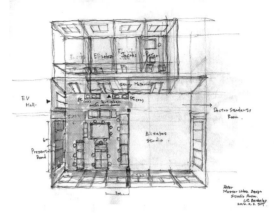

都市デザイン
スタジオ平面図
2010.2.3

たそうだ。東京にもあるような近代建築なので、私はスケッチしなかった。唯一、Court Yard（中庭）は静かで落ち着けたのでスケッチした。

　Wurster Hall の都市デザインスタジオの平面図。都市計画スタジオと隣接しており、両スタジオの教員の部屋が奥に並んでいる。学生が使用する製図机がならび、グループ作業やエスキースをする大テーブルがある。他にも図面を張ってピンナップ（講評会）を行うためのボードもある。部屋を出入りする教員とスタジオで作業する学生達は、必ず顔を合わせるので、挨拶をするし、会話も生まれる。よい平面計画だと思う。

　カフェ Strada。Wurster Hall からすぐ近くの、カリフォルニア大学キャンパス脇にある。小さな木造平屋で、ビクトリア風の意匠が施されて古そうに見せるが、1970 年代に周辺のレストランやホテルと一緒に建てられたそうだ。都市デザインスタジオの教員も関わったというこの計画は、教員と学生の大学生活、また来訪する研究者の滞在生活を豊かにすることを目的としていた。実際に、教員も学生も、周辺住民も、このカフェが大好きで、朝

カフェ Strada
2017.8.12

カフェ Strada
2017.8.12

も昼も夜も多くの人々で賑わっている。

　多くの人々が集まるのは、コーヒーがおいしいのに加えて、気持ちのいい場所だからだろう。一年中雨が少なく、暑すぎず寒すぎないマイルドな気候なので、人々は外のテラスでコーヒーを楽しむ。広いテラスは高木や生垣といった緑に囲まれている。テーブルやイスは、決してきれいではないが、木製や使い込まれたス

チール製で温かみがある。木造の建物もバークリーらしい歴史的な意匠だ。とても気持ちがいい場所なので、人々は足繁く通うようになり、互いに顔見知りとなり、会話が生まれ、コミュニティが育まれていく。それで人々はさらに足繁く通うようになる。空間と人々の営みの相乗効果が生まれていて、単なる「空間」ではない「場」がつくりだされている。

　借りていた Milvia St. にあるビクトリアン様式の木造家屋。この1階部分を住まいとして一年間過ごした。この界隈・Shattuck は上品なコミュニティで、日本人研究者が多く住む。シェ・パニースやピーツ・コーヒー一号店、チーズ・ボードといった有名なレストランやカフェ、食品店、スーパーマーケットが集中しているので、「グルメ・ゲットー」と呼ばれている。たとえ一年間だけでも、まちづくりの専門家としてはよいコミュニティに住みたい。カリフォルニア大学のバントロック先生のご主人に助けて頂き、よい借家を見つけることができた。

　2階に住むオーナーによると1920年頃の建築らしい。通りのどの家も、こんな感じでフロントヤードは草木で一杯だった。赤

Milvia St. の家
フロントヤード
2009.8.9

Milvia St. の家
バックヤード
テラス
2009.8.9

Milvia St. の家
バックヤード
2009.8.7

い花が咲くボトル・ブラッシュという木をよく覚えている。

　バックヤードに面するテラスには、ジャスミンが咲くパーゴラ
が付いていた。時折、ハミングバードがやって来た。

　バックヤードは小ぶりなものの、手入れが行き届いていて緑が
美しかった。時々、植木屋が来て手入れをしていた。物置も、板
張りで綺麗な庭を引き立てていた。

　ご近所さんが飼っていた Mercedes という名前の猫がよく遊び

に来た。フラッフィーでかわいい、人なつっこい猫だった。私も妻も癒やされた。

　University Ave.の突端にあるバークリー・マリーナから見たサンフランシスコ湾。遠くにゴールデン・ゲート・ブリッジが見える。ゴールデン・ゲート海峡の軸線を意識して、カリフォルニア大学のキャンパスは計画されたそうだ。

　バークリー・ヒルから見たサンフランシスコ湾。オークランドの港湾施設の向こうに、ベイ・ブリッジとサンフランシスコ湾、さらにその先にはサンフランシスコの市街地が見える。海と山から構成される地形と、都市や橋、フリーウェイといった人工物が

Milvia St.の家　猫
2009.8.22

サンフランシスコ湾
University Ave.の
突端より
2009.8.10

サンフランシスコ湾
バークリー・ヒルより
2009.8.19

サンフランシスコの
街並み
ツインピークスより
2009.9.18

織りなすダイナミックなランドスケープだ。

　ツインピークスから見たサンフランシスコの街並み。中央に走るサンフランシスコのメインストリート・Market St. の軸線は、ツインピークスを目印にして定められた。日本の城下町都市のデザイン手法「山あて」と同じだ。この Market St. を境に、街割りが異なるのが面白い。移民の国である米国の都市は、ほとんどが植民都市を起源としている。人々の入植が合理的に進むようにと、街割りはグリッド（碁盤目状）になった。グリッドだと、どこも同じような特徴がない景観になってしまいそうだが、サンフ

ランシスコ市は、地形の高低差が大きいことと、このマーケット
ストリートを挟んで街割りが変化することで、個性的な景観が各
所につくりだされている。そして人工的な都市を、サンフランシ
スコ湾の海とタマルパスの山々が包み込み、ダイナミックな景観
をつくりだしている。

　バークリー・ヒルのフットパス。バークリーでの生活で、徐々
にのめり込んでいったのが、バークリー・ヒルのフットパスめぐ
りだった。車社会の米国でありながらも、人々がこの丘陵地に住
み始めた19世紀から、生活道路として、また山火事の避難路と
して、フットパスがバークリー・ヒル中に形成されていった。コ
ンクリート製の階段は、豪華であるとか、凝った意匠ではないが、
周りの木々からの落ち葉が、四季折々、時間と共に変化する自然
の意匠をつくりだしている。原生林に囲まれて、心地よい風が吹
き、風にそよぐ枝葉の音、鳥のさえずり、虫の鳴き声を楽しめる。
人の姿は少ないが、人同士がすれ違う時には、「ハイ！」などと
挨拶を交わす。皆、楽しそうにフットパスを歩いていたのが印象
的だった。Berkeley Path Wanderers Association という NPO

バークリー・ヒルの
フットパス
2010.2.24

がフットパスの掃除や修理、地図の発行、ウォーキングイベントを開催している。そのウォーキングイベントに、一度だけ参加したことがあった。もちろん、地図を購入し、寄付もした。

　TILDEN（チルデン）公園の植物園にも、気持ちの良いフットパスがあった。ここも最小限の整備だけで、原生林の自然を感じられる。

TILDEN 植物園
2009.8.12

Marin Ave. の噴水
2010.1.3

インディアンロック
2010.1.4

Indian Rock, Berkeley.
2010. 1. 4. 2IM.

Marin Ave. の噴水。バークリーには、車を運転しながらでも魅力的だなと思うポイントが、いくつかある。この1911年に造られた噴水もその一つだ。水が噴き出す壺を支えているのは3匹のクマ。かつてこのあたりまでクマが出没したそうだ。バークリーには、このような噴水やモニュメントの清掃や修理を行っているNPOもある。

インディアンロック。バークリーの丘陵地には、このような大きな岩がいくつか点在している。それらは、シエラネバダの火山が噴火した時に、ここまで飛んで来たそうだ。インディアンロックはその最大のもので、ロッククライミングの練習場所や展望台として、人々に親しまれているのが面白い。

小旅行

サンフランシスコの北にある Point Reyes 国立公園。自然のままの海辺の風景がどこまでも続いている。その海岸線に漁船がうち捨てられていた。それがかえって、雄大な自然を引き立てていた。

ネバダ州の Virginia City。かつてゴールドラッシュに沸いた

まちだったが、鉱山の閉鎖にともないゴーストタウンとなった。その後、西部劇にでてくるような古い街並みが注目されて観光地として復興した。

　カリフォルニア州のLocke。ここもゴールドラッシュが去った後はゴーストタウンになっていたが、古い街並みが注目されて、アーティストなどが移り住むようになり話題になっている。

　ヨセミテ国立公園のアワニーホテル。ヨセミテ国立公園のハーフドームの景観は、この世のものとは思えないほど美しい。この老舗ホテルは、この国立公園の一角にある。1991年、ここに都

Point Reyes 国立公園
2009.8.17

Virginia City
2009.8.29

Locke
2009.8.23

アワニーホテル
2009.6.25

市プランナーの Peter Calthorpe や Michael Corbett らが集まっ
て、ニューアーバニズム運動の先駆けとなった「アワニー原則」
が打ち出された。

　カリフォルニア州のデイビスにある Village Homes。ニュー
アーバニズムの旗手の一人 Michael Corbett の計画・設計による。
約240戸のエコロジカル住宅と市民農園、コミュニティセンター
などで構成されている。住宅の屋根からは草が生え、大きな花が
咲いていた。

Village Homes
2009.8.15

　バークリーでの研究留学時代に、多くのスケッチを描いたのは、時間と心の余裕があったことに加えて、私のスケッチを楽しみにしてくれた米国人の友人ができたことも理由だった。私は英会話が下手だったが、スケッチを介しての建築やまち、自然に関する会話は、互いに充実した時間だった。スケッチは、国籍を超えたコミュニケーションツールにもなる。

　また、カリフォルニアでの数々のスケッチを振り返ってみると、私はバークリーのまち歩きをして、そこかしこにあるこのまちの魅力を描いていたことに気づいた。米国人の友人からも、私のスケッチ集はバークリーのガイドブックだと言われた。やはり私は、根っからのまちづくり人間なのだろう。

2-2　国際会議で

　コロナ禍以前は、年に一度は国際会議に出席していた。わざわざ赴く必要がないオンラインの国際会議も気楽でよいが、コロナ禍が収まれば、早く海外へ出掛けて実際にまちや建築とふれ合いたい。海外の建築やまちは、それこそ「他者」なので、国際会議の会場も含めてたいへん興味深く、スケッチの対象にことかかない。

国際会議の会場

　国際会議の会場は、その国や都市を代表する施設が使われるので、おのずとお国柄がでる。大学の会議場を会場とする場合でも、会場の意匠はお国柄がいかんなく発揮されるものだ。

　オーストリア・ウィーンで開催された Walk21 国際会議 2015年大会の会場。かのハプスブルク家が 19 世紀に建設した宮殿の

Walk21 国際会議 2015 会場
2015.10.23

ような建物で、現在は市庁舎として使われている。こんな豪華な会場で研究発表できた学生達は幸せ者だ。スケッチでは中央の尖塔部分のみを描いた。

　SEATAC 国際学会 2018 年大会のメイン会場。インドネシアのジョグジャカルタにあるガジャ・マダ大学で開催された。ガジャ・マダ大学は、インドネシアの最高レベルの大学で、18 もの学部があり学生は約 5 万人もいる。その大学院棟の会議室で国際会議は開催された。芝浦工業大学電子工学科の小池先生のキーノートスピーチの様子。中央には、インドネシアの象徴である金色の神鳥ガルーダが。向かって左側には国旗とジョコ大統領の肖像写真、右側には市旗とスルタンか知事と思われる肖像写真が掲げられている。いかにもインドネシアらしい。

　SEATAC2018 会場となった大学院棟の窓から観たガジャ・マダ大学キャンパス内。広大なキャンパス内を流れる川には、近代的なアーチ橋が架かっている。おそらくこの大学の土木工学科の研究者が設計したのだろうが、私はインドネシアらしい意匠の方

SEATAC 国際学会 2018 会場
2018.3.12

が趣があってよいと思うのだが。

　大学院棟近くの庭園と校舎。大学院棟自体は高層の近代建築で
つまらなかったので、近くを散歩していたら、このインドネシア
らしい庭園と校舎を見つけた。庭園には、熱帯気候らしい美しい
花たちが。巣箱があり、大きな鳴き声の鳥が時折飛び交う。校舎
の屋根に使われている茶色の瓦は、ジョグジャカルタ市内でもよ
く見かけた。

ガジャ・マダ大学
キャンパスの橋
2018.3.12

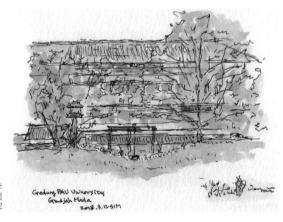

ガジャ・マダ大学
キャンパスの庭園
2018.3.12

この国際学会では、滞在したホテルから会場の大学院棟までは遠く、送迎バスでの移動だった。そのため、キャンパスの外を歩き回ることはできなかったが、キャンパス内だけで十分に楽しめた。

　SEATAC2018 の Gala Dinner で頂いたフルーツ。どれも地元でとれたものだそうで、とてもおいしかった。フルーツは大好物なので、思わずスケッチしてしまった。サラは小型のライチのよう。トックは全く初めての体験。とれたての小ぶりなバナナは、日本では食べられない甘さ。

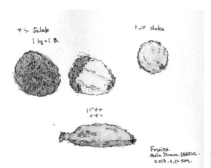

Gala Dinner でのフルーツ
2018.3.12

SEATAC 国際学会
2019 会場
2019.3.14

SEATAC 国際学会の 2019
年大会のメイン会場。ベトナ
ムのハノイにあるハノイ工科
大学で開催された。ハノイ工
科大学は、ベトナムの理工系
大学で最高レベル。図書館棟
にあるメインホールでの芝浦
工業大学副学長・井上先生の
キーノートスピーチの様子。
背後には、ホーチミンの胸像
とベトナム国旗が。

　ホーチミンの胸像はいたる
ところにある。「ベトナム共
産党は、ずっと栄光に満ちて
いる！」の標語が一緒に。

　SEATAC2019 が開催され

ホーチミンの胸像
2019.3.14

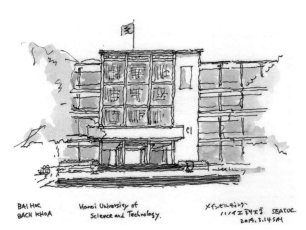

ハノイ工科大学のメイン校舎
2019.3.14

Gala Dinner. shows   アオザイ:民族衣装

SEATUC2019. 3.14 SIM.

Gala Dinner での余興
2019.3.14

Shaw Foundation.
Alumini House.
2018.12.14 SIM.

Pacific Rim Community Design
Network2018 会場
2018.12.14

たハノイ工科大学のメイン校舎。コンクリートブロックの開口部が印象的な美しい近代建築だ。雨が多いからだろう、中庭を囲むように建てられた校舎群は、回廊でつながっている。会場となった図書館棟は、平凡な近代建築だった。

SEATAC2019 の Gala Dinner での余興。大学生達が、民族衣装のアオザイを着て進行、音楽を奏でてくれた。彼らが着ていたアオザイは、なんちゃっての安物だと思うが、歓迎の気持ちがあふれていた。芝浦工業大学の学生達は、日本の伝統衣装を着て、同じようなことができるだろうか。

Pacific Rim Community Design Network2018 年大会の会場となったシンガポール国立大学の卒業生会館。まちづくり関係者の国際的なネットワークの集会で、2 年に一度、研究や活動の発表会を開催している。日本からも多くの研究者や学生が参加する。海外の知り合いの研究者とも久しぶりに再会した。交流時間をたくさんもてたのは

よかったが、自由時間はほとんどなくなり、スケッチはこれ一枚。
印象的だったクリスマスツリーだけは彩色できた。

会議の合間

　研究発表が終わった後など、会議の合間には、やはり建築やまちを観に行く。時間があれば、その国の伝統文化を楽しむ。

　オーストリア・ウィーンのカイザーバード水門監視所。ウィーンで、建築めぐりをしない手はない。学生達と建築めぐりをした。オットー・ワーグナーの有名な郵便貯金局やパビリオン・カールスプラッツなどを観てまわったが、学生達にレクチャーしながらだったので、スケッチできたのはこのワーグナー設計のカイザーバード水門監視所のみ。開口部に合わせて割り付けられた群青色のタイルが美しい。ワーグナー建築の中ではあまり知られていないが、さすがと思える秀作。現在はコンバージョンされてレストランになっている。カイザーバード水門が水位をコントロールしているドナウ運河沿い遊歩道には手すりがない。水面まで3～4mあり、水深も深いと思うので、落ちたら一巻の終わりだろう。

カイザーバード
水門監視所
2015.10.24

Otto Wagner
2015.10.24 SM

欧米の公共空間の安全管理では、事故は全て自己責任となる。

　ジョグジャカルタのシンボル・ムラピ山。日本の富士山に似ている美しい火山。滞在したホテルの最上階のラウンジからちょうど綺麗に見えた。

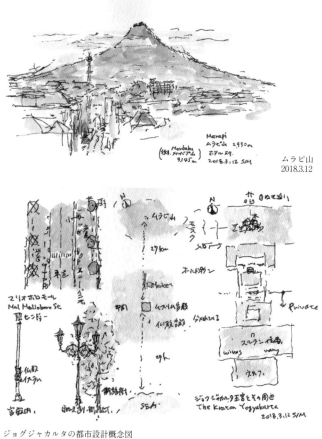

ムラビ山
2018.3.12

ジョグジャカルタの都市設計概念図
2018.3.12

マリオボロ通り
2018.3.12

マリオボロ通り.
Mal Malioboro St.
2018.3.12 5/M.

　ジョグジャカルタの都市設計などの概念図。ジョグジャカルタ市の中心にあるスルタンの宮殿は、海とムラピ山とを結ぶ軸線上のちょうど中間に建設された。またこの軸線は、ジョグジャカルタの街割りの起点にもなっている。インドネシアではイスラム教徒がほとんどだが、ジョグジャカルタではヒンドゥー教徒と仏教徒も多い。スケッチの左側にある通り、街路灯には3つの宗教のモチーフが仲良くデザインされている。

　ジョグジャカルタ一番の目抜き通り・マリオボロ通り。建物はお世辞にも綺麗とは言えないが、インドネシアらしいし賑わいがよい。道路を横切って、赤い提灯群がいくつも掛け渡されている。同僚の先生、大学院生と一緒に市内散策した。大学院生が呼んでくれたUberの白タクを待つ5分間ほどで描いたので雰囲気のみしか描けず。着彩はホテルに戻ってからだった。

　ベトナム・ハノイの地図。自分で地図を描いてみると、都市の構成をよく理解できる。ハノイは紅河の三日月湖周辺から市街化が進んだ。旧市街地はタンロンと呼ばれる。滞在したハノイ駅近くのホテルからタンロンまでは、歩いて30分ほどの距離だった。

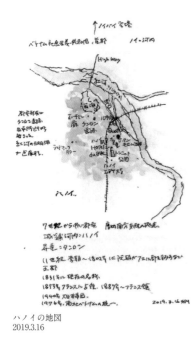

↑ノイバイ空港

ベトナム礼恩主義・共和国・首都　ノイ・河内

High way

君宇初知
タンロン遺跡
地下博物化が地じる
先に近い阻朝弾
十已本塁

7世紀 からやん都市　厦四南方支配大政党
工城堡河内ハノイ
昇竜＝タンロン

11世紀 李朝〜1802年 に院朝がフェに部を移すまで
王都
1831年に 現在の名称。
1873年 フランス占領. 1887年〜フランス領.
1940年 日本軍占領。
1976年.南北ベトナムの統一。

2019.3.16 SM

ハノイの地図
2019.3.16

　タンロンの中心にあるホアンキエム湖にある亀の塔。まるで湖に浮かんでいるかのよう。古代ベトナム王朝初代皇帝にまつわる伝説の舞台だ。

　タンロン水上人形劇の劇場と人形。水との縁が深いハノイならではの伝統芸能だ。人形を操る仕組みが面白かったので、スケッチと模式図で記録した。プールの奥にある宮殿のようなセットの奥に人形を操る人が隠れている。そこから水中に伸ばした棒で人形を動かしている。人形の腕は、人形を素早く回転させることで生じる遠心力で動く。

ホアン・キエム 湖ハノイ
2019. 3. 15 SM.

ホアンキエム湖と亀の塔
2019.3.15

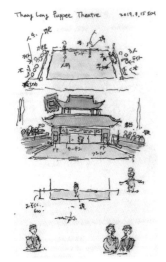

タンロン水上人形劇場
2019.3.15

人形劇の人形
2019.3.15

シンガポールのリトルイ
ンディアの街並み。滞在し
たホテルから描いた。伝統
的なショップハウスに、イ
ンド人向けの小売店やレス
トランが入っている。シン
ガポールは近代建築が多い
が、リトルインディア界隈
は、下町のような街並みと
活気に溢れている。

ホテルの部屋からは、ヒ
ンズー教寺院の門塔も眺め
られた。塔には、実に多く
のカラフルな神々がちりば

リトルインディアの街並み
2018.12.16

Marina Bay Sands. Singapore.
2018.12.15 SIM
Gardens by the Bay より

マリーナベイ・サンズ
2018.12.15

Singapore Marina Bay
2018.12.15 SIM
Marina Barrage より

マリーナベイ
2018.12.15

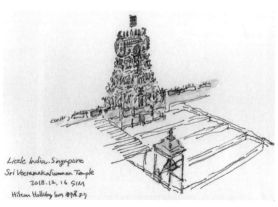

Little India. Singapore
Sri Veeramakaliamman Temple
2018.12.16 SIM
Hilton Holiday Inn 客室より

ヒンズー教寺院の門塔
2018.12.16

められている。毎日、歌のような賑やかな参拝の儀式が執り行われ、早朝から多くのインド人が参拝していた。お陰でホテル滞在中は、異国情緒たっぷりだった。

シンガポールのマリーナベイ・サンズ。屋上にあるプールで三棟のタワーが連結されていることで有名なホテル。確かにすごい建築だが、足下に広がる広大な公園もすごい。埋立でできた土地を広大な緑地にしたのだ。シンガポールというと、オーチャード・ロードに代表される「City in the Green ＝緑の中の都市」施策が有名だ。

広大な緑とマリーナベイの海に囲まれていることで、マリーナベイ・サンズの姿はより引き立てられる。

マリーナベイ。かつてではシンガポールの港湾機能を担っていたが、現在は堤防がつくられて、外海とは区切られている。静穏な海で人々はカヌーなどを楽しんでいる。港湾機能は外海へ移設された。

シンガポール国立博物館の展示についてのメモ。左のメモにあるシンガポール川河口に近い丘から発見された石は、この地に人が住んでいた最古の記録だそうだ。19世紀になって、このあた

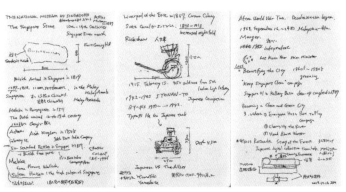

シンガポール国立博物館の展示についてのメモ
2019.12.16

りに英国人がコロニーを形成していく。真ん中のメモにある通り、英国人が乗っていた人力車や、第二次世界大戦時の日本軍の戦車が展示されていた。シンガポールが魅力的な都市となったのは、国民をあげての美化運動によると誇らしげに展示している（右のメモ）。

オランダ・ロッテルダムのラインバーン商店街。Walk21 国際会議 2019 年大会での研究発表のためにロッテルダムを訪問。モータリゼーション以降にできた世界初の歩行者天国商店街と言われているこの商店街は、国際会議の会場となったデ・ドーレンという巨大な国際会議場の近くにある。設計段階から歩行者のみのショッピングモールになるように計画され、各店舗への商品搬入は裏通りからとなる。18m ほどの幅員で、店舗は 2 階建てで高さ 7m ほどに抑えられている。その背後に高層の集合住宅がある。コルビュジエの「人口 300 万人の現代都市」の影響をうけたそうで、低層と高層のメリハリがついている。モールを歩いていると、両側の建物が低いので開放感があり気持ちよい。良質な歩行者空間なので、店は高級ブランドや世界展開チェーン店が多い。Walk21 でも指摘されていたのだが、欧州のショッピングモール

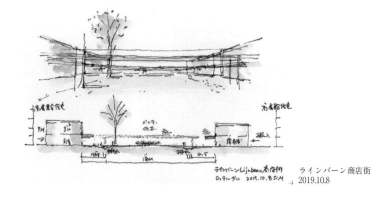

ラインバーン商店街
2019.10.8

は、歩行空間としては成功しているが、高級商店街化されて、地元の店舗が駆逐されるという問題が起こっている。

　オランダ・ロッテルダムのオランダ建築家協会。1階にはブックショップがあり、中央のソファーを若者達が占領して勉強していた。おそらくどこかの大学の建築学科の学生達だろう。

　敷地内には、デ・スティル派建築家の一人・Brinkman en Van der Vlugt 設計の Sonneveld House の展示があった。彼が設計した VanNelle Factory はユネスコ世界遺産になっている。英語の音声ガイドがあり、各部屋の用途と生活の様子までをうかがい知ることができて大いに満足した。また3階には図書室もあり、10名以上の人々が勉強や調べ物をしていた。オランダ建築家協会の力はすごい。日本の建築士会や建築家協会はここまではできない。

　オランダ・ロッテルダムのフレーエウェイク住宅地。ガーデン

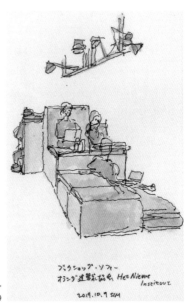

オランダ建築家協会ブックショップ
2019.10.9

デ・スティル派建築家の展示
2019.10.9

フレーエウェイク
2019.10.8

シティの影響を受けて 1916 年から開発されていき、1944 年まで順次開発されていった。特に 1910 〜 20 年代に建設された地区の質が高い。建物デザインは、街区入口コーナー部やメインストリートなどで凝ったものもあるが、全体的にシンプルで、形式は全てテラスハウスか連続住宅である。フットパスを入っていくと、街区中心部に、遊具がある公園や樹木が茂る緑地などのオープンスペースがある。100 年前の建設だが、今でも質の高いコミュニティを維持している。子どもをもつ若い家族が多いのは、住戸のリノベーションがしっかりされているからだろう。住宅地内を運河が流れており、その周りに広い芝生のオープンスペースがあり、一部は公園になっている。学校や教会もあり、「近隣住区論」の影響がうかがわれる。

　国際会議では、なかなか時間がとれず、建築やまちを見に行く時間が限られ、スケッチもゆっくりできない。乱雑なスケッチになりがちだが、楽しんで観ることが第一なので、私はあまり気にしていない。その代わり、大学キャンパスなど、観光では行けない場所を訪問できるのが醍醐味だ。会場もお国柄が出ていて面白い。なかなかできない貴重な体験ができる。

2-3　海外調査で

　海外調査は、2003年4月に芝浦工業大学建築学科の教員に着任してから徐々に増えていった。概して、国際会議に出席する時よりもスケジュールに余裕があるが、スケッチの数が増えたのは、2009年のカリフォルニア大学への研究留学以降だ。調査の成果を写真で記録するのも良いが、スケッチで記録する方が、上手く伝えられる場合もある。記録として、スケッチにメモを書き入れることもある。

河川・運河・水辺
　水辺からのまちづくりについて実践的に研究しているので、海外でも水辺の再生に関する調査は多い。
　河川・水辺の再生で、最も成功している都市と言われているのが、米国テキサス州のサンアントニオだ。度々洪水を起こすために埋立計画まで持ち上がったサンアントニオ川は、リバーウォークと呼ばれる川沿いの遊歩道が整備されたことで再生していった。

River Walk
Embassy Suites
San Antonio
2012. 8. 30

サンアントニオ
リバーウォーク
2012.8.30

人気の観光地なので遊覧船が多いが、公共交通の水上バスでの移動で、十分に楽しめる。

　世界中の主要な都市は、河川や海に接して形成されていった。都市の成立に、舟運が重要だったからだ。ロンドンの市街地はテムズ川沿いを中心として形成され、英国の重要な施設は、ほぼ全てテムズ川沿いに集まっている。

　ビッグベンの愛称で親しまれている国会議事堂は、時計塔ばかりが注目されて、建物の足下はあまり注目されない。よく見ると、建物は水辺ギリギリに建っており、船着場もある。

　ロンドン旧市役所。威厳のある建物だが、現在は水族館やホテルになっている。大胆なコンバージョンだ。隣にあ

ビッグベン
2014.8.11

ロンドン
旧市役所
2016.8.14

Tate Modern, London
2014.8.11 S.M.

テートモダン
2014.8.11

タワーブリッジ
2015.8.15

ファルカーク・ウィール
2014.8.8

る観覧車・ロンドン・アイとの対比も面白い。

　テートモダン美術館は、ロンドン中心部に電気を送る局地火力発電所だった。これも大胆なコンバージョンだ。対岸から、歩行者専用橋のミレニアムブリッジで渡ることができる。

　タワーブリッジは、ロンドン塔で知られている城郭の一部を形成している。船でテムズ川を遡上し、この橋を潜り抜けると、ロンドンに入ることになっていたので、タワーをもった厳ついデザインとなった。

スコットランドのエジンバラ郊外にあるファルカーク・ウィールという、船を運ぶ回転式のエレベーター。産業革命時代から開削された運河は、現在でも総延長約3,600kmと英国中に張り巡らされており、市民運動をきっかけとして再生活動が進んでいる。ナローボートと呼ばれる細長いゆっくり走る船で、国中を旅行するのが、英国人の憧れだそうだ。高低差がある土地に運河を開削するには、連続した水門から構成される閘門（こうもん）が必要となるが、船が閘門を通過するにはたいへんな時間がかかる。そこで、コンペティションの結果、このファルカーク・ウィールが登場した。この回転式エレベーターに乗る遊覧船もある。周辺は、ちょっとした水上公園になっている。

　水都といって、まず思い浮かべるのはオランダのアムステルダムだろう。このアムステル川は、アムステルダムの由来となった川だ。行き交う船と種類の多さに驚く。水の都らしい景観。

　アムステルダム駅前にあるDamrakという行き止まりの運河に建つ建物。道路側ではなく、運河側が正面になっている。1階からは運河へと出られる。現在この運河は、遊覧船などの発着所になっている。

アムステル川
2018.8.21

Damrak
2018.8.21

アウデグラフト運河
2018.8.22

アウデグラフト運河
2018.8.22

オランダの都市には、どこも工夫を凝らした水辺空間がある。ユトレヒト市街地の中央を走るアウデグラフト運河の両脇には、市街地の地盤レベルから3mほど低くなったところに、かつて舟運の荷捌きで使われたテラス状の空間がある。テラスの両側には、地下倉庫が設けられていた。この地下倉庫がコンバージョンされて、テラス席をもつカフェやレストランになっている。またこの運河をカヌーで楽しむ人も多い。小型のモーターボートや遊覧船も走っている。

　シーボルトハウス。オランダ・ライデンの港に近い運河に面して、江戸末期に日本を訪れ、様々な文物を収集したシーボルトの住まいが残っている。シーボルトは、カモメの鳴き声が聞こえるこのまちで育ったからこそ、はるばる日本にまで行く気になったのだろう。現在この建物は、シーボルトハウスという、オランダと日本との友好事業の拠点となっている。

　港町ライデンには、北海から吹き込む風を捉える風車が市内にもある。18世紀に建てられたこの風車は、7階建てと特に大きい。

　オランダの政府機関や大使館が集まるデン・ハーグには、水辺に建つ美しい建築・ビネンホフがある。13世紀から17世紀に建てられ、いくつかの様式から構成されているので観ていて飽きない。

シーボルトハウス
2018.8.22

風車
2018.8.22

ビネンホフ
2018.8.23

北海の海水浴場
2018.8.23

人魚姫の像
2019.8.11

KUESTHUSERAVEN
のふ頭
2019.8.11

　デン・ハーグは、北海にも面している。海水浴場の施設は、飲
食店に加えて遊技場もあり、さながら遊園地のよう。やり過ぎに
思えるが、短い夏を楽しむのでこんなに派手になったのだろう。

　デンマークの首都・コペンハーゲンでは、2つの島に挟まれた
水路沿いのインナーハーバー地区で水辺の再生が進んでいる。こ
のインナーハーバーの入口にあるのが、有名な人魚姫の像だ。こ
の像を一目見ようと多くの観光客が訪れる。美しい水辺の風景に
も注目して欲しいものだ。

　KUESTHUSERAVEN のふ頭は、外海へとすぐに出られる場

インナーハーバー
2019.8.11

ニューハウン
2019.8.11

所にある。そこで歴史的な帆船やヨットが多く停泊している。港町らしい眺めだ。ちょうどこのスケッチを描いていたところの水辺が螺旋状になっていて棚もない。海に入って泳いでいた男性がいたのにはギョッとした。

　オペラハウスの船着場から、インナーハーバー全体を見渡す。多くの船舶が行き交う見事な眺めだ。右側にあるガラスの箱状の建物は、デンマーク王立プレイハウスという劇場だ。敷地の半分は水上だという。

　インナーハーバーの再生で、最も有名なプロジェクトがニューハウンだ。行き止まり運河の両脇は元々物揚げ場だったが、舟運

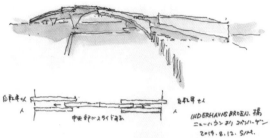

可動橋・
Inderhavnsbroen
2019.8.12

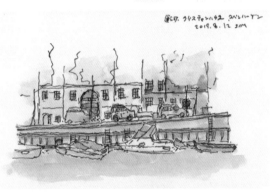

クリスチャンハウン
2019.8.12

が廃れるにつれて駐車場となっていた。ここから車を追いだして、歩行者空間にした。オープンスペースの半分はテントやパラソルが張られているオープンカフェ、レストランスペースで、残りの半分が歩行空間になっている。運河には、多くのレジャーボートが停泊して、水辺空間を演出している。

　ニューハウンとクリスチャンハウンを結ぶ可動橋・Inderhavnsbroen。インナーハーバーは、大きな船舶が通過するため、中央部がスライドしてオープンになる。橋が少しだけ円弧を描いているところが、意匠的に優れている。極めて斬新なデザインだが、ニューハウンの17世紀の街並みともマッチしているのが不思議だ。それは歩行者空間も時代の先を行く斬新な試みだからだろう。

インナーハーバーの南側にあるクリスチャンハウンの運河。建ち並ぶ2階建て程度の住宅は、若い世代から人気があり、センスの良いまちと評判になっている。運河には、プレジャーボートが係留されている。皆、人生を楽しんでいるのだろう。日本ではなかなかできない生活だ。

ドイツ・ハンブルグのハーフェンシティは、19世紀に建設されたレンガ倉庫群の再生で知られている。コンバージョンされた7階建てのレンガ倉庫群が見渡す限り続いている。レンガ倉庫は、片側が運河に、反対側が道路に面して、12mほどの間隔でクレーンが設置されている。船から荷揚げしたものを倉庫各階に詰め込み、また道路

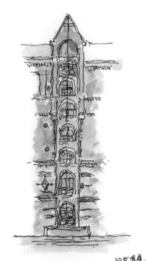

レンガ倉庫.
世界遺産 Hamburg
2019.8.13 SM

ハーフェンシティのレンガ倉庫
2019.8.13

Elbphilharmonie, Sandtorhafen
Hafen City, Hamburg
2019.8.13 SM

エルプフィル
ハーモニー・
コンサートホール
2019.8.13

運河沿いの建物
2019.8.13

新しい港湾施設
2019.8.13

上の車輌に詰め込めるようになっている。このたいへん合理的な仕組みは、日本の運河沿いに建つ倉庫にも導入された。

　倉庫群の１階レベルは、高潮が発生した場合は水没することを前提として設計されている。水没しない上階に様々な施設が入っている。エルプフィルハーモニー・コンサートホールは、下層部がレンガ倉庫のコンバージョンで、上階が新築された。空に溶け込むようなガラスの外壁はとても綺麗。久しぶりに感動した近代建築だ。展望台もあるので、市民や観光客が行列をつくるほどの人気で、建設費がかさみ物議を醸したようだが、お金を掛けただけの建築になったと思う。

　ハーフェンシティには、レンガ倉庫のコンバージョンに加えて、新築の建物も多い。運河沿いに、水没を前提としているプロム

ロンバルツ橋

Binnenalster. アルスター湖
Hamburg 2019.8.13 SIM

アルスター湖
2019.8.13

コーレンレイ
ギルドハウス

グラスレイ
ギルドハウマ

高い
3以外規則的
な
川港

伝統的？
街並

川港

河岸、低い。

川幅 30~40m
全体幅約100m

Gent
聖ミヒール橋より
2019.10.7 SIM

レイエ川
2019.10.7

ナードがあり、上階にオフィスや住宅が入っている。この地区の
再開発コンセプトの一つに、職住の用途混在が挙げられている。

ハーフェンシティの外側に、新しい大規模な港湾施設が広がっ
ている。港湾施設がラベ川のより下流に移転したために、ハー
フェンシティが再開発されることになった。

中心市街地にあるアルスター湖の南側にある広場は、カフェや
レストラン、また遊覧船が発着するので多くの人々で賑わう。噴
水がある内アルスター湖と外アルスター湖の間には、車や列車が
行き交うロンバルツ橋が架かっている。楽しい眺めだ。

ベルギーのゲント。レイエ川の川港だったまちだ。川の両岸は、

舟運の荷捌き空間だったが、歩行者空間へと再生された。建ち並ぶギルド（商工業者組合）ハウスには、カフェやレストランが入り、川に向かってテーブルとイスが並ぶ。独特の景観をつくりだしている。

ギルドハウスは、川とかつての荷捌き空間に向けて多くの窓をもっている。荷捌き空間は、品々が取引される市場のようだったと考えられる。

歴史的な美しい河川空間が残るベルギーのブルージュは、かつて舟運で栄えたまちで、現在は観光都市である。中心部の広場にほど近い運河沿いの風景。護岸と一体になった美しい石造・レンガ造の建物が建ち並ぶ左奥には、鐘楼 Belfort が見える。おそらくブルージュで最も美しい眺めだろう。

Gent レイエ川沿い
グラスレイ、ギルドハウスより
2019.10.7 SIM

ギルドハウス
2019.10.7

運河、鐘楼 Belfort
Brugge 2019.10.10 SIM

鐘楼が見える運河
2019.10.10

修道院前の運河と
公園
2019.10.10

美しい橋が架かる
運河
2019.10.10

　運河には多くの美しい橋が架かっている。ブルージュ・
Brugge は橋の意味だという。これもブルージュを象徴する眺め
だろう。橋のたもとには、美しい運河と橋をめぐる遊覧船の発着
所がある。

　中心部から少し離れたベギン会修道院前の運河と公園。公園で
は、多くの水鳥が羽を休めていた。修道院へと通じる橋がまた美
しい。これもブルージュらしい長閑な風景だ。

大学キャンパス

　カリフォルニア大学への留学前から、米国における大学の地域貢献について研究している。米国やカナダでは、貧困層への支援や、空洞化した中心市街地の再生などで、研究者や大学生のボランティア活動が大いに役立っている。そこで地域貢献に熱心に取り組む大学を訪問して、その現場を視察したり、研究者にインタビューをしている。

　バンクーバーにあるブリティッシュコロンビア大学は、キャンパス外に Storefront という拠点を開設して、市民教育を行っている。ヒアリング調査を行うために、大学キャンパスも訪問した。広大なキャンパスの一角に、この大学で教鞭を執っていた新渡戸稲造を記念する Nitobe Garden という美しい日本庭園がある。日本庭園の鑑賞には、最も美しく見えるベストポジションがある。この庭園では池と石灯籠が目印だ。見つけたベストポジションからスケッチしていると、カナダ人たちが「なるほどここから観ると本当に美しい」と、私のまわりに集まって写真をパシャパシャと撮り始めたのは愉快だった。

Nitobe Garden
2007.8.18

Univ. Washington.
Mt. Rainier
2008.8.23 SUN

Rainier Vista
2008.8.23

Univ. Washington
Lake. Washington
2008.8.25. SUN

Union Bay
2008.8.23

　シアトルにあるワシントン大学には、ランドスケープデザイン
専攻に知り合いの研究者がいるので、これまで度々訪問している。
この大学キャンパスのメインストリートと噴水、広場は、
Rainier Vista と呼ばれるように、名峰レニエ山への眺めを軸線
として配置されている。

　広場を下って行くと、Lake Washington へと続く Union Bay
が目の前に広がる。緑の中に住宅が点在し、水辺にはボートハウ
スが並ぶ。多くのヨットやクルーザーが停泊し、水上を手漕ぎ

Lake Union
2008.8.23

College Hall
2009.7.24

ボートやクルーザーが行き交う。素晴らしい住環境だ。

　ワシントン大学からシアトルのダウンタウンに戻る途中にある
Lake Union。ここもまた美しい風景が広がる。海が近いせいか、
漁船が停泊していた。

　ペンシルベニア大学は、フィラデルフィア中心部西側にある大
学キャンパス周辺の治安改善や美化などに大学を挙げて取り組ん
でいる。19世紀末に建設されたCollege Hallは、この名門大学

Country Club Plaza
& Fountain
Kansas City 2009.10.19 8AM

ショッピングモール
2009.10.19

Clemson Univ.
Habitat by Humanity
2009.10.26 2PM.

クレムソン大学の中庭
2009.10.26

の中で最も古い建物。ゴシック様式も素晴らしいが、緑色の外壁
材・蛇紋石が美しい。

　カンザス州立大学は、ダウンタウンに Kansas City Design
Center を開設して、空洞化したダウンタウンの再生に取り組ん
でいる。調査の帰りに立ち寄った郊外のショッピングモール。新
しく建設されたものだが、シンボルタワーや噴水などもあり、き

め細かくデザインされていた。このような綺麗なショッピング
モールができるために、ダウンタウンが空洞化していく。

　サウスカロライナ州にあるクレムソン大学は、建築学科が地域
貢献教育に取り組んでいる。その影響かどうか定かではないが、
建築学科の学生達がHabitat for Humanityのサークルを設立し
ていて、ちょうど大学の中庭で、トレーラーで運ぶことができる
小屋を建設していた。インストラクターは居たが、屋根工事まで
全て学生が行っていた。

　カリフォルニア州にあるスタンフォード大学Main Quadから
見えるタワー。この大学の建物は、スペインのコロニアル風で、
ベージュ色の外壁で統一されている。スタンフォード大学は、カ
リフォルニア大学と何かと比較される。カリフォルニア大学の建
物は、統一感はないが、歴史的な意匠の威厳を感じさせるものが
多い。一方、スタンフォード大学の建物は、比較的新しいもので、
コロニアル風だが、進取の気性を感じさせる。建物のデザインが、
そのまま両大学の気質を表している。

　ラトガーズ大学は、全米で8番目に古い名門大学。地域貢献教

スタンフォード大学
Main Quad
2010.3.6

ラトガーズ大学の池
2013.9.16

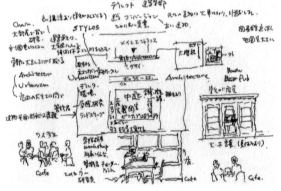

デルフト工科大学
2018.8.23

育に関する研究者を訪問して、ヒアリング調査の後にほっと一息しつつ、噴水がある池の畔でスケッチ。この大学の研究者も、研究室にこもりつつも、時折この池の畔で気分転換するのだろう。

　西欧の大学もいくつか訪問している。オランダのデルフト工科大学大学院建築学専攻棟の平面図や建物ファサード、カフェの様子を描いたメモ。来外研究員だった早稲田大学都市計画研究室の

後輩に案内してもらった。建物内は学生が店員になっているカフェがあり、隣接した小さな建物はバーになっている。

まちづくりプロジェクト

　授業で取り上げるような、重要なまちづくりの実例を時折視察する。資料を作成するために、見どころを歩き回り、必要であればヒアリング調査を行う。結構忙しいスケジュールになるが、休憩を兼ねてスケッチする。

　最初のガーデンシティ（田園都市）である英国のレッチワース。

レッチワース
アンウィンと
パーカーのオフィス
2004.8.4

レッチワース
ノートン・コモン
2004.8.5

ニュー・ラナーク
2014.8.7

エベネザー・ハワードの理論にもとづいて、建築家レイモンド・アンウィンと、経済学者パリー・パーカーがデザインした。この二人がオフィスにしていたのがこの茅葺きのコテージ。二人の考え方をよく表している。

レッチワースにあるノートン・コモン。「共有地」になっている緑地で、人々はウォーキングや犬の散歩で訪れる。ちょうど2頭の大きな犬が、ノーリードで楽しそうに散歩していた。共有地という概念は、日本では馴染みが薄いが、これからのまちづくりでは重要になるかもしれない。

スコットランドのニュー・ラナーク。ロバート・オウエンが経営していた。クライド川の水力をもちいた紡績工場で、労働者に住居や学校、医療サービス、安価で良質な食料品を提供した。また労働者の自治と、やる気を引き出す仕組みを整えた。当時の英国は、産業革命が進み、工場の建設などによって、大都市の住環境は悪化していた。「理想的工業村」と呼ばれた通り、すばらしい環境と仕組みだった。

ミニ・ミュンヘンの会場
2016.8.11

ミヒャエル・エンデ博物館
2016.8.10

　ドイツのミュンヘンでは、「ミニ・ミュンヘン」と呼ばれる子どものための都市運営イベントが２年に一度開催される。千葉大学の木下勇先生らと視察した。参加する子どもは、一市民として働き、楽しみ、選挙を行い架空の都市をつくり、運営していく。市役所もあり、子どもの市長が選挙で選ばれる。2016年の会場となった元自動車工場の入口。ここから先は、スタッフ以外の大人は入れない子どもの世界。

　児童文学作家として有名なミヒャエル・エンデの博物館。彼はミュンヘンで長く暮らした。この博物館には、彼の作品や、芸術家だった彼の父親の絵画などが展示されている。このスケッチは

博物館の建物。彼の作品に出てきそうな建物だ。

　ミュンヘン・オリンピックパーク。オリンピック開催を契機とする都市デザインに関する研究として訪問した。1972 年に開催されたミュンヘン・オリンピックは、ミュンヘンの郊外に、メインスタジアムなどをもつ広大な公園を整備した。同時に、周辺に住宅団地が建設された。オリンピックタワーと手前に見えるのは、吊屋根をもつ競泳プール場。吊構造は維持管理にお金がかかりそうだが、半世紀近く経ってもしっかり維持・運営されている。

ミュンヘン・オリンピックパーク
2016.8.12

　シドニー・オリンピックパーク。2000 年に開催されたシドニー・オリンピックで、「オリンピック・レガシー」という言葉が初めて使われた。産業廃棄物の処理場、レンガ工場、食肉処理場、軍倉庫などがあったところに、640ha という広

シドニー・
オリンピックパーク
2018.1.20

大な公園が整備された。産業廃棄物の処理場だったところを隠さずに見られる回廊の向こうに、オリンピックタウンセンターの建物を望むスケッチ。

広場・商店街・繁華街

　様々な研究目的で様々な都市へ出掛けるが、西欧の都市で必ず立ち寄るのが、その都市の中心となる広場だ。広場という公共空間は元々日本にはないので、その華やかさと人々が楽しそうに集う姿は新鮮だ。また広場周辺の、商店街や繁華街も視察する。しかし人が多く、特に海外都市の商店街や繁華街は治安が悪いため、なかなかゆっくりとスケッチできないのが残念だ。

　ベルギーの首都ブリュッセルには、世界で最も美しい広場の一つと言われるグラン＝プラスがある。広場を取り囲む建築群の豪華さに圧倒された。これほど有名で、多くの市民や観光客が集まるところでも、休憩やスケッチできるベンチや腰掛けられる場所がたくさんあることが有難かった。これこそ、目指すべき都市デザインだろう。

Hôtel de Ville
2005.8.24

Maison du Roi
2005.8.24 SIM

Maison du Roi
2005.8.24

Grand Place
2005.8.24 SIM

ギルドハウス群
2005.8.24

　グラン゠プラスで最も存在感のある Hôtel de Ville。15 世紀の建築で、市庁舎になっている。ゴシック様式の尖塔は、ブリュッセルのシンボル。

　Maison du Roi（王の家）。主の貴族が、スペイン王となったのでこのように呼ばれるようになった。西欧の歴史は複雑だ。

アントワープの
ギルドハウス群
2019.10.6

グローテマルクト広場のギルドハウス
Antwerpen 2019.10.6 SIM.

レーマー広場
ハーフティンバー様式の建物
2019.8.14

Romerberg レーマー広場
フランクフルト Frankfurt
2019.8.14 SIM

　ギルドハウス群。ギルド＝商工業者組合たちの活躍がベルギーを発展させた。この国を象徴するギルドハウス群には、それぞれの商工業を象徴するレリーフが飾られている。

　この調査時に、ベルギー人の友人に再会できた。この友人にブリュッセルの繁華街を案内してもらった時に、ブリュッセルをはじめとして、ベルギーの主要都市には運河が多くあることを知った。

　広場の風景は、どの都市でも個性的で面白い。荘厳な建築もよいが、市民の活躍を象徴するギルドハウス群は面白いと思う。景観としても、個性的でありつつも、全体としてしっかりと調和しているのは、市民社会が成熟しているからだろう。

ベルギー・アントワープのグローテ・マルクト広場にも、ギルドハウスが並んでいる。かつて広場では、市（いち）が盛大に開かれていた。そのため、ギルドハウスは主要な広場に面して建つ必要があったし、市の様子をよく観られるようにと、窓が大きくとられている。

　広場は、その都市の顔でもあり履歴でもある。ドイツ・フランクフルトのレーマー広場も、美しい建築が建ち並んでいる。しかしこれらは、第二次世界大戦でほとんど破壊されたために、戦後復元されたものだ。日本では考えられないことだが、ドイツでは、このような復元プロジェクトが多い。
　レーマー広場に面して建つハーフティンバー様式の建物。古そ

Nikolaikirche
ニコライ教会　レーマー広場
Frankfurt・2019.8.14 SM.

Dom. Roemer Project
Goldene Waage
Frankfurt.
2019.8.14 SM

レーマー広場　ニコライ教会
2019.8.14

Dom-Römer Project のハーフティンバー様式
の建物
2019.8.14

うに見えるが、復元されたもの。

　同じく、レーマー広場に面して建つニコライ教会。これもやはり復元された。

　つい最近の2018年9月にも、この広場の一角にあたる Dom-Römer Project という面積7 ha に及ぶ復元プロジェクトが完成した。その一角にあるハーフティンバー様式の建物。細かい装飾まで、見事に復元されている。

　ブラジルのクリチバ。Bus Rapid Transit（BRT）というバス交通システムや公園整備などの都市計画で有名だ。歩行者天国になっている商店街・花通りは、その名の通り綺麗な花壇が配置されており、傍らをトラムが走っている。この歩行者空間整備の成功が、後の先進的な都市計画の呼び水となった。

　デンマーク・コペンハーゲンには、最古の歩行者天国商店街と言われているストロイエがある。幅10m もない通りが1 km 以上続くのに、大変な人出と賑わい。途中に2ヶ所、噴水をもつ広場があり、その一つをオープンカフェでコーヒーを飲みながら描

クリチバ　花通り
2008.3.23

ストロイエ. Gammeltorv 噴水
2019.8.11 SM

ストロイエの噴水
2019.8.11

傘はW3.6mか.

ストロイエ. Hojbro Plads
2019.8.11 SM

ストロイエの
オープンカフェ
2019.8.11

エレキギター

パーカッション

ギター

クラリネット

音楽演奏者たち
おじさん.
バンドになってる

BROENS
GADEKPKKEN
クリスティンハウン. コペンハーゲン
2019.8.11

クリスチャンハウンの
音楽演奏者達
2019.8.11

エジンバラの Mercat Cross
2014.8.9

Royal Mile
Mercat Cross
Edinburgh
2014. 8月9日

いた。噴水はやはりランドマークで、ここで待ち合わせしたり、記念撮影する人が多い。

　ストロイエのもう一つの広場には、街路樹に沿ってオープンカフェが並んでいた。3.6m 四方もあると思われる大型のパラソルの下では、ゆっくりとお茶や食事ができるだろう。

　同じコペンハーゲンのクリスチャンハウンの広場での音楽演奏者達。夏ということで屋台が並ぶオープンカフェができていた。その中央で、おじさん達が楽しそうに演奏していた。人に聴かせるというよりも、とにかく自分たちが楽しんでいた。

　スコットランドのエジンバラのお城と宮殿を結ぶ目抜き通りRoyal Mile にある Mercat Cross。これは王様などの権力者が、ここで市（いち）を開いてよいという印として建てられた立派なモニュメント。このスケッチでは分かりにくいと思うが、Royal Mile はたいへんな人の数で賑わう通り。

移動の合間に

　海外では、チェックインを早めに行う必要があり、また公共交通があまりないので、移動時間に余裕をみすぎて、空港に早く着き過ぎることがある。それでいてフライトは遅れることも多い。待ち時間は、読書や調査のまとめ作業を行うことが多いが、あまりにも時間を持て余すとスケッチもする。

　米国のデンバー国際空港のコンコース。カリフォルニア大学の来外研究員だった2009年度は、大学の地域貢献教育などに関する調査のために、フライトで全米各地を訪問した。マイレージ会員になっている航空会社が、デンバー空港をハブ空港にしていた

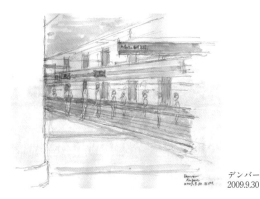

デンバー国際空港のコンコース
2009.9.30

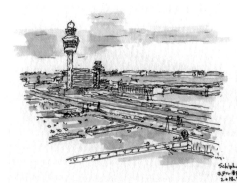

スキポール空港
2018.8.25

ので、乗り換えのために何度もこの空港を訪れた。米国内のフライトはよく遅れる。あまりにも時間を持て余したので描いたスケッチ。デンバー空港は巨大。人々の移動のために、歩く歩道がターミナル内に張り巡らされている。

オランダのアムステルダムなどでの調査では、鉄道ですぐに移動できるので、スキポール空港にあるホテルに宿泊する方が手っ取り早い。実際にこの空港には、いくつもホテルが接続している。宿泊者が多いので、空港内にはショッピングセンターがあり、スーパーマーケットもある。これからは、都市と空港との一体化が進むと言われている。

カリフォルニア大学の来外研究員だったので、サンフランシスコ国際空港は、最もなじみのある海外空港だ。何度も利用していると、フライトの遅れで、長時間空港で過ごすことがある。滑走路の先には、サンフランシスコベイがあり、その向こうには低い乾燥した山が連なっている。カリフォルニア独特の風景は見ていて楽しい。

航空会社のラウンジはよくデザインされていて快適だ。フライトを待つ間、様々な国籍の人が仕事をしている。

サンフランシスコと近郊を結ぶ公共交通 BART（Bay Area

サンフランシスコ
国際空港
2017.8.13

San Francisco Airport
2017.8.13 9/M.

サンフランシスコ
国際空港のラウンジ
2017.8.13

BART の車内
2017.8.12

Rapid Transit）の車内。サンフランシスコ国際空港からカリフォ
ルニア大学キャンパスがあるバークリーまでは、40分間ぐらい
かかる。何度も乗車しているが、この時はたまたま乗客が少な
かったのでスケッチしてみた。

　ボーイング737の機内。フライト中は、たいてい読書をしてい

ボーイング 737 機内
2018.3.4

B787 8H2り
2018.3.4.SIM

有明の月
2018.3.14

NH856 5:30a.m.
2018.3.14 SIM.

るが、本を読み終わってしまい手持ち無沙汰になったので描いた
スケッチ。航空機内という限られた空間には、様々な機能が詰め
込まれている。まじまじと観るとすごいものだ。

　フライト中には、素晴らしい眺めに出くわすことがある。ベト
ナムからの帰り、有明の月が虹色の朝焼けの空に輝いていた。

2-4　国内学会で

　日本の大学の建物は、無表情な近代建築が多く、スケッチする気にはなれない。また当然、研究発表や研究会がぎっしり詰まっているので忙しい。

学会の会場

　建築学会2019年大会の会場だった金沢工業大学1号館。大谷幸夫の設計。これまでのスケッチを振り返ってみたら、学会会場となった大学校舎のスケッチはこれ1枚しかなかった。杉板型枠のコンクリート打ち放し。窓のサッシは、黄金比で割り付けられている。階段の裏側も段々になっていて、マウリッツ・エッシャーのだまし絵を彷彿とさせる。

金沢工業大学1号館
2019.9.6

　建築学会都市計画委員会の行事・景観ルックインで、富山県南砺市城端を訪れた時のメモ。景観ルックインのミニシンポジウムは、善徳寺で行われた。城端は元寺内町で、絹織物業で栄えた。その繁栄が曳山祭として伝えられている。

　曳山祭では、「庵唄」というお囃子が演じられる。懇親会では、「城端庵唄保存会」の方が、庵唄を披露してくれ

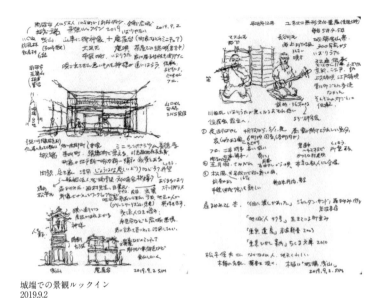

城端での景観ルックイン
2019.9.2

た。優雅な一日だった。

学会の合間

　城下町都市・金沢は、地形を上手く使ってデザインされた。その歴史的なデザインが今でも読み取れる貴重な都市だ。重要伝統的建造物群保存地区に指定されている「ひがし茶屋街」は有名だが、観光客が多いし、ゆっくりスケッチできる場所もない。ひがし茶屋街に入る手前の浅野川沿いにあるのが「主計町茶屋街」だ。川を挟んだ反対側に銭湯があり、そこのベンチをお借りしてスケッチした。茶屋建築をしっかり観察できる格好の場所だった。

　この浅野川と犀川に挟まれた台地の上に金沢城が築かれた。城下町都市・金沢を読み解く上で、この川沿いの風景は重要だ。お城から浅野川を渡ったところにひがし茶屋街はつくられた。反対に、犀川を渡ったところに、にし茶屋街がつくられた。

金沢 主計町茶屋街
浅野川越し
2019.9.3 SIM

主計町茶屋街
2019.9.3

金沢 浅野川
ひがし茶屋街稿
2019.9.3 SIM

浅野川
2019.9.3

金沢城黒門口
2019.9.3 SIM.

黒門口
2019.9.3

金沢城の黒門口へと続く坂。手前は大手堀。この入口は、元々大手門だったところと言われている。この急勾配の坂を上がって城内に入ることになる。台地の上にあり、難攻不落と言われた金沢城の地形をよく表している。

　富山駅と駅前広場。富山市と言えば、Light rail Transit 整備などによるコンパクトシティの取り組みが有名だ。北陸新幹線開業にともなう JR の高架化に合わせて、北口から延びる路線・ポートラムと南口から延びる路線とが一体化して、JR と立体交

富山駅と駅前広場
2019.9.3

グランドプラザ
2019.9.3

差することで利便性が高まった。駅前広場をライトレールが横切る様子は、これまで見たことがない斬新な眺めだ。

　「グランドプラザ」は、中心市街地再生の切り札として登場した、ガラス屋根をもつまちなか広場だ。ほぼ毎日にイベントが開催され、日常的に多くの老若男女が立ち寄る。

2-5 国内調査で

　一泊二日ぐらいの国内調査でも、普段は授業やゼミ、会議、委員会などがあり、スケジュール調整が難しい。どうしても、夏休みや春休みの出張が多い。その代わり、しっかり時間をとって出掛けるので、調査の合間にスケッチできる時間は確保できる。

市民参加による公共施設の再編
　市民参加による公共施設の再編に関する研究では、多くの自治体を訪問した。沖縄県では、うるま市や浦添市、那覇市の取り組みについてヒアリング調査や現地調査を行った。那覇市では、首里城のすぐ脇にある小学校も調査した。この調査の後に、たまたま首里城が綺麗に見える場所を通りかかったので描いたスケッチだ。手前に見える池は「龍潭」と呼ばれる池で、中国からの使者を歓待する庭園だった。観光ルートからは外れているので人通り

首里城
2017.12.8

旧室蘭駅舎
2017.11.6

は少なく、この美しい眺めを堪能することができた。

　残念なことに、このスケッチを描いた後、2019年10月に首里城の火災が発生した。このスケッチと同じところからのテレビ映像が多かった。悲しい思い出になってしまった。

　公共施設の再編に関する研究では、北海道の室蘭市にも赴いた。中学校跡地の活用で、活発に市民参加を行っていた。調査の後、電車を待つ間に描いたスケッチ。旧室蘭駅舎は、新しい駅舎の建設にともない、すぐ近くに移築された。雪を避けるための雁木空間をもつ北海道らしい建物だ。

国際化と連動するまちづくり

　国際化と連動するまちづくり・地域デザインに関する研究で、約400年前に初めて西洋文化が入ってきた長崎県平戸市を調査した。明治維新以降、建築や都市、地域のデザインに洋風がもたらされて、それらのデザインは大きく変わっていった。その先駆けとなったのが平戸だ。

　中国の上海から黒潮と偏西風に乗ると、ちょうど平戸辺りに到着するらしい。平戸瀬戸は天然の良港だ。波風が激しい東シナ海

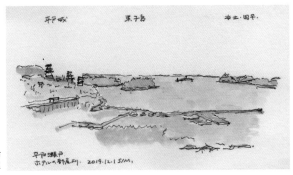

平戸瀬戸
2019.12.1

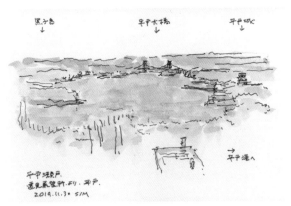

平戸瀬戸と
平戸大橋
2019.11.30

から逃れて、静かな海が広がっている。平戸港の入口には、復元された平戸城がそびえている。

　平戸瀬戸は、波は立たないものの潮の流れは速いらしい。九州本土の田平から平戸に渡るのはずっと船・フェリーだったが、赤色の吊り橋・平戸大橋が1977年に架橋されて、自動車で渡れるようになった。

　港としての好条件が揃っていた平戸は、長崎市の出島が開かれる前に、最初の西洋との交流窓口になった。最初にやってきた西洋人はポルトガル人で、その後スペイン人、オランダ人、英国人がやってきた。

オランダ船頭
↓オランダ商頭

平戸オランダ商館.

料理の泉
↓

長崎県平戸
2019.12.1 SIM.

オランダ商館
2019.12.1

三浦按針の
「御自らゃって
言われた。
イギリスはな弐を
割り切するして船首に
付けたのか.
それがオランダか.

今に巻物 2つ.

平戸 オランダ商館.
2019.12.1 SIM.

1609年のオランダ商館は
1639年に閉.

いろいろと帆船の船首や
仰られた.

密吹矢

仁.オランダ船舶首飾木偶く.(レカリカ)
松浦家に納められている
松浦史料博物館にはなく、オランダ商館に
あった。本物はなかなかの似尚顔や.

船首飾木像
2019.12.1

IN MEMORY OF WILLIAM ADAMS
AND HIS WIFE MARY/YÔ ADAMS
1589

三浦按針墓

三浦按針墓碑

平戸
2019.11.30. SIM.

無縁塔

三浦按針の墓
本物の墓は不明.

大浦塔

按針は薬園の最期はえん
得なかった.

三浦按針の墓
2019.11.30

この平戸での交易に最も固執したのはオランダ人だった。平戸港の入口に、オランダ商館と石造倉庫が建設され、西洋風の景観が日本で初めて姿を現した。オランダ商館と石造倉庫の一部が復元されているので、最初の西洋風の景観を想像することができる。おそらく当時の人々は、突然姿を現した見たこともない巨大な建物にさぞかし驚き、そこに出入りする西洋船と西洋人共に、異様な光景と思っただろう。

　司馬遼太郎が『街道をゆく11　肥前の諸街道』で書いているオランダ商船の船首飾木像（レプリカ）が、オランダ商館に展示されている。一つは手に巻物を持つ男、もう一つは笛を吹く男と、いずれも王や女神ではない。商人が台頭していたオランダらしい、平民像が飾られていたことに、司馬は感銘を受けた。

　オランダ商船リーフデ号で漂着したイギリス人・三浦按針（ウィリアム・アダムス）は、1620年に平戸で死去した。按針の墓と言われているものが平戸にある。彼の功績などにより、日本は鎖国後もオランダだけとは交易を継続した。また彼は、徳川家康に気に入られて、江戸の都市デザインにも貢献したと言われている。敬意を表し参拝した。

　西洋との交易が進むと、フランシスコ・ザビエルといった宣教師も来日し、キリスト教を布教していった。

端霎季の向こうに
平戸ザビエル記念教会
平戸.
2019.12.1.SMN

寺院と教会が一緒に見える風景
2019.12.1

大正元年(1912)築
鉄川与助、設計.
レンガ造. 正面は石. (しな石?)
屋根:日本瓦.

カトリック山田教会
平戸市・生月 (いきつき)
2019.12.1 SIM.

カトリック山田教会
2019.12.1

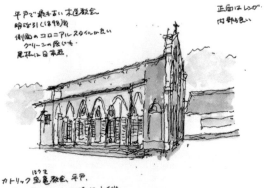

平戸で最も古い木造教会
明治31(1898)年
側面の コロニアルスタイルが良い
グリーンの屋いも
屋根は日本瓦.

正面はレンガ
内部も良い

カトリック宝亀教会、平戸.
ほうき
了ごい雨だった。 2019.12.1 SIM.

カトリック宝亀教会
2019.12.1

現在平戸にある教会は、明治維新で禁教が解けた後に建築された。平戸市内にある寺院と教会が一緒に見える風景は、和風と洋風が融合した平戸らしい景観として観光名所になっている。全く異なるデザインを許容するのは日本人らしいと思うが、西洋の都市でも異なる文化・様式からなる街並みは多い。問題は、どう調和させるかだ。

　カトリック山田教会と宝亀教会は、どちらも立派で趣ある教会

羊蹄山
2019.6.2

だが、屋根は日本瓦葺きで、
和洋折衷の建築だ。

　国際化する地域デザイン
の研究では、北海道ニセコ
町も訪問した。外国人、特
にオーストラリア人が、パ
ウダースノーと羊蹄山を眺
められる美しい景観を求め
て移り住んでいる。

　ニセコひらふ地区の状況。
彼らが来訪するのはスキー
を楽しめる冬だが、別荘や
コンドミニアム、ホテルが
建ち並び、日本ではないよ
うな景観が生まれつつある。

　調査の後、千歳空港に帰
る途中に、支笏湖にも立ち

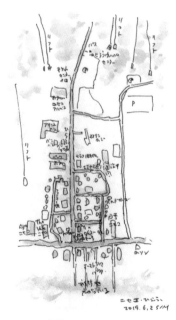

ニセコひらふ地区
2019.6.2

支笏湖
2019.6.2

寄った。この美しい景観も、外国人がニセコ地域を訪れる理由だ
そうだ。

地方都市中心市街地の再生

　地方都市中心市街地を再生するために、まちなか広場の整備と
運営が各地で進んでいる。青森県八戸市のマチニワは、2018 年
にオープンしたガラスの箱が被さったようなまちなか広場だ。
　学生がまちなか広場の空間設計に関する知見を得るために、歩

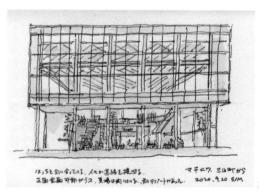

マチニワ
2020.9.20

行行為と滞留行為に関する研究を行った。研究とは仮説的に行う
ものであり、仮説に基づいて研究方法を決定する。仮説を組み立
てるために学生と一緒に現地を観た。これらのスケッチは、研究
の仮説をたてるためでもあった。

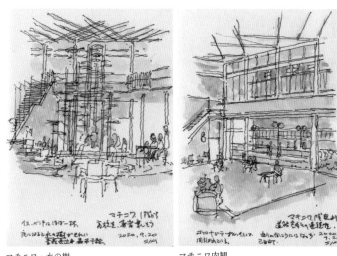

マチニワ・水の樹
2020.9.20

マチニワ内観
2020.9.20

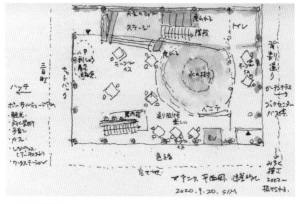

マチニワ平面図
2020.9.20

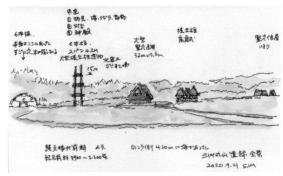

三内丸山遺跡
2020.9.21

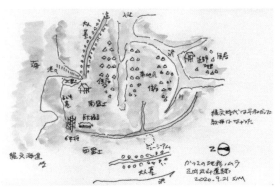

三内丸山遺跡の
配置図
2020.9.21

　高校生といった若者が多いが、あらゆる世代が利用している。噴水になっている「水の樹」では、子ども達が遊んでいる。高校生達は、大階段に座っていることが多い。各世代が、エリア毎に棲み分けして広場を使用している。

　この八戸の調査の後に、青森市の中心市街地の状況も視察した。その後、東京に戻る前に、新青森駅にほど近い三内丸山遺跡にも足を伸ばした。海との関係や、土地の高低差を読み取って、住居や高床式建物、道路などの位置が決められている。プリミティブな集落の形成原理が読み取れて面白かった。

レジリエンスなまちづくり

　世界的な気候変動で、日本でも自然災害が多発している。2020
年7月に、記録的な豪雨により熊本県の球磨川が氾濫し、人吉市
などで甚大な被害が発生した。人吉市は、この1年前、2019年
に景観計画を策定していた。この景観計画が役立って、球磨川沿
いの景観を回復しようと取り組み始めている。球磨川には、この
時点でも土砂が大量に残り、流路が変わっていた。人吉市は、川
の流れも回復したいと考えていると聞いた。

　球磨川沿いの景観の重要ポイントは、なんと言っても国宝・青

球磨川
2021.3.23

青井阿蘇神社
2021.3.22

井阿蘇神社だ。拝殿などには浸水痕が生々しく残っていたが、構造体が無事だったのは幸いだった。

　人吉城も球磨川沿いの重要な景観ポイントだ。この大手門前の堀も土砂で埋まった。この時すでに、綺麗に回復していたが、周辺にある資料館などはまだ閉鎖中だった。橋の向こうにあるのは被災者が住む仮設住宅。

　新温泉。人吉市内には温泉が多い。市民が利用する銭湯も温泉だ。新温泉はも甚だしく浸水したため、まだ閉鎖中だった。市の

人吉城の堀
2021.3.23

新温泉
2021.3.23

熊本城
2016.8.25

方の話では、復旧できるかまだ検討中だという。木像の簡素な建物だが、市民にとっては重要な存在だろう。ぜひ残して欲しいと思い描いた。

　自然災害と言えば、我が国では地震が怖い。2016年4月に起きた熊本地震は人々に大きな衝撃を与えた。益城町や熊本市は大きな被害を受け、熊本城も甚大な被害を受けた。被害の状況を確認するために熊本を訪れ、調査の合間に描いた熊本城の天守閣。まだ瓦が乗っておらず痛々しい。できるだけデリケートに描いた。このスケッチは、知り合いの熊本人から大いに喜ばれた。

　1998年に描いた神戸市の風見鶏の館（旧トーマス邸）。洋風建築と和風建築が建ち並ぶ旧居留地で、重要伝統的建造物群保存地区に指定されている。この頃の神戸は、まだ1995年に起きた阪神・淡路大震災の爪痕がいたるところに残っていたが、風見鶏の

風見鶏の館
1998.4.12

広村堤防
2015.2.14

館は修復が終わって綺麗になっていた。すごくほっとしたことを
覚えている。それで落ち着いてしまい、2時間ほどかけて、丁寧
に描いた。後にも先にも、これほど時間をかけてスケッチしたこ
とはない。

他に、日本の自然災害で心配なのは津波だ。この和歌山県広川

町にある「広村堤防」は、1854年の大津波からの復興で築かれた。濱口梧陵が私財をなげうって、村民が自ら築き上げた。5mほど盛り土された土塁をクロマツの林が囲んでいる。この美しい堤防が、村を復興させ、その後に起こった昭和南海地震の津波から村を守った。

地域間交流

東京都中央区佃島は、現在の大阪市である摂津国から移住した漁師達によって築かれた。その漁師達は浄土真宗本願寺門徒だったので、摂津国であった石山合戦の時に瀬戸内海の村上海賊の支援を受けて、織田信長と戦ったと伝えられている。そこで村上海賊の本拠地である芸予諸島の能島を訪問した。急流河川のように早い潮の流れでこの要塞は守られていた。

カレイ山展望台から能島周辺の全景を見る。小さな島だが、瀬戸内海で最強と言われた村上海賊の拠点だった。

海賊達の信仰の厚かった大山祇神社の拝殿。茅葺きの美しい建物。ここの宝物殿は、名だたる武将が納めた国宝の刀剣や甲冑ばかりで目を見張った。

宿泊した旅館は、生口島にあった。この島にある耕三寺は、大

能島
2018.3.4

芸予諸島 大島より.
能島.
2018.3.4. SM

芝予諸島 大島
カレイ山展望台より
能島.鵜井島
2018.3.4.3M

カレイ山展望台から
見た能島
2018.3.4

大三島 大山祇神社
2018.3.5 SIM.

大山祇神社
2018.3.5

生口島 耕三寺.
2018.7.5SIM

耕三寺
2018.3.5

阪の実業家が私財を尽くして建築した寺院。日本各地の有名な建築を模して建設した。このスケッチは、栃木県にある日光東照宮の陽明門を模した山門。雨宿りの合間に描いた。

景観計画の状況

　　歴史的資源にもとづく景観計画の調査で、鹿児島市を訪問した。鶴丸城があった城山周辺が景観重点地区になっている。「西郷隆盛洞窟」といった城山周辺の歴史的資源は当然重要で、更なる景観整備が必要だ。

西郷隆盛洞窟
2019.3.14

城山から見た桜島
2019.3.14

仙巌園 御殿より
2019. 3. 4. 5W

仙厳園
2019.3.4

仙巌園 御殿より.
2019. 3. 4. 5W

仙厳園
2019.3.4

　また景観計画では、城山から桜島を見る眺望景観が大切にされている。建物の高さや色が厳しく制限されている。

　また島津氏の屋敷があった仙厳園周辺も景観重点地区に指定されている。ここでも美しい庭園の向こうに、借景として見える桜島の眺望景観が大切にされている。

　御殿の縁側からの眺めは、かつて島津のお殿様が見た眺めと同じだろう。優雅な気分になり、２枚も描いてしまった。すぐ隣にある集成館跡も重要な歴史的資源なので、この地区の景観形成に

はなお力を入れなければならない。

雨が降れば、資料館

　調査に赴いたものの、悪天候で実地調査ができないこともある。そのような場合は仕方がないので、博物館や歴史資料館で時間を過ごすようにしている。

　景観計画に関する鹿児島市調査では、大雨に見舞われた。そこで仕方なく、城山の麓にある「鹿児島県歴史資料センター黎明館」で時間を過ごすことにした。何の気なしに入ったのだが、展示が面白くて2時間ほど見入ってしまった。

　今でも開催されている薩南諸島の来訪神のお祭りは、特に興味深かった。メンドンやボゼは、一見怖いが、よく見ると愛らしい顔をしていると思う。ツクインモンの虎は、市来の七夕で登場するものだが、現在もまだ継承されているかは定かでない。

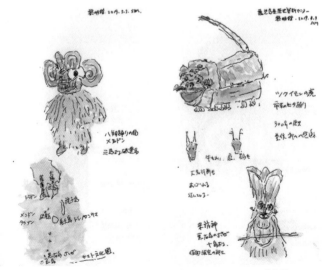

黎明館 メンドンなど
2019.3.3

黎明館 ボゼ、ツクイモンの虎など
2019.3.3

2-6　デザインワークショップで

　日本建築学会主催のシャレット・ワークショップなど、学生達への指導でスケッチや図を描くことは多い。言葉で説明するのもよいが、視覚的に説明した方が学生達の反応は良い。特に、国際ワークショップでは、言葉だけではなかなか伝わらないので、スケッチが一番だと思う。

国際建築都市デザインワークショップ
　AIJ 国際建築都市デザインワークショップが、佐賀県唐津市で2010 年 3 月に開催された。ちょうどこの 3 月まで来外研究員を務めていたカリフォルニア大学などの学生たちと、日本のいくつかの大学の学生たちが参加して、唐津市の中心市街地の再生を提案した。まずは中心市街地の各所から望める唐津城と城下町のデザインについてスケッチをつかって解説した。唐津市民の強い想いが、天守閣を復元させたが、城下町の巧みなデザインも継承されている。

唐津城
2010.3.21

唐津城の堀
2010.3.22

唐人町神社
2010.3.22

呉服町商店街
2010.3.20

唐津城の堀。ほぼ何も手入れがされてなく、忘れられたような場所だが、歴史的資源であり、魅力的な場所へと再生できるだろうと学生達と話し合った。

　唐人町の通りから少し入ったところにある神社。まずは唐人町の意味を説明し、このような神社が近隣コミュニティを育む場所になっていることを説明した。

　昭和の街並みをコンセプトに、街並み景観の整備を進めている商店街。歩いて暮らせるまちづくりのためには、商店街の存在は重要だ。港町だけあって、魚市場は活気に溢れていた。

学生と地域との連携によるシャレット・ワークショップ

　日本建築学会のシャレット・ワークショップが、島根県松江市で 2017 年夏に開催された。このワークショップは、全国各地の建築学科の学生 40 名ほどが集まり、中心市街地の空洞化や、楽しく歩ける歩行空間の形成といった実際の都市問題の解決に取り組む。最終日に学生達は、市民や自治体関係者、首長の前で成果発表する。

　松江というと、まずは国宝松江城があり、重要な観光資源になっている。小泉八雲（ラフカディオ・ハーン）の『日本の面影』を思い出す。

松江城
2017.8.28

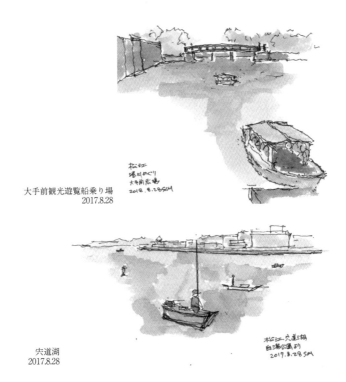

松江
堀川めぐり
大手前乗船場
2018.8.28SM

大手前観光遊覧船乗り場
2017.8.28

松江・宍道湖
白潟公園より
2017.8.28 SM

宍道湖
2017.8.28

　堀割を巡る観光遊覧船乗り場。松江城のすぐ近くにある遊覧船乗り場は、多くの観光客で溢れている。

　宍道湖の景観はすばらしい。シジミ漁といった漁業が盛んなことが風景を豊かにしている。松江は本当に「水都」だ。

　カラコロ工房は、かつての銀行をコンバージョンして、地元の工芸品などを展示する施設。多くの観光客が訪れるが、アプローチ道路の歩道は狭い。

　京橋川。カラコロ工房のすぐ近くで、観光遊覧船が行き交うのだが、堀割沿い遊歩道の整備は中途半端で、人影も少ない。

　堀川に架かる筋違橋。風情のある堀割の風景が残っているが、石垣は崩れたままで、ほとんど注目されていないようだ。何も整

カラコロ工房
2017.8.27

京橋川
2017.8.27

堀川 筋違橋
2017.8.28

北堀町 武家屋敷
2017.8.28

本町商店街 小路
2017.8.28

備されていないのが、風情があってよいのだが。

　お城の北側にある堀北町には武家屋敷が残る。小泉八雲が住ん
だ辺りだ。景観形成にも力を入れている。武家屋敷の塀や門のデ
ザインといった細かいところに注意しながら、修景を図っていき
たい。

　松江で最も大きな商店街である本町商店街。脇道にあたる小路_{しょうじ}
は、風情があるし、ゆっくり歩ける大切な歩行者空間だ。

2018年夏のシャレット・ワークショップは、岩手県紫波町で開催された。紫波町は、駅前に公共施設を再編・新設することで新たな中心市街地を形成したプロジェクト「オガールプラザ」と「オガールタウン」で有名だ。

　このワークショップでは、かつての中心市街地である日詰地区の再生がテーマだった。日詰には、歴史的な建築物や空間が数多く残っている。見事な建物と美しい庭園をもつ平井邸は、残念なことに空き家になっている。定期的に見学会が行われているが、

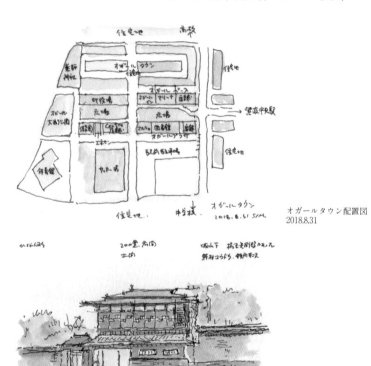

オガールタウン配置図
2018.8.31

平井邸
2018.8.30

もっと活用できる方策を考えたい。

　旧郡庁舎は、古い木造の洋館風の建物で、この地区の歴史を物語っている。しかしながら、使用されておらず、また旧町役場の裏手にあるので、人目に付きにくい。やはり歴史を感じさせる周辺の樹木も含めて活用したい。

　旧橋本種鶏・種蚕場建物と隣接する池は、昔ながらのこの地区の景観を留めている。隣接する公園と合わせて活用する方法を検討したい。

　北上川沿いの広大な緑地。遠くに山並みが見えて気持ちよい。

旧郡庁舎
2018.8.31

郡山.日詰　旧郡庁舎.
2018.8.31 SM

旧橋本種鶏・
種蚕場建物
2018.8.30

橋本種鶏・種蚕場　日詰
池.公園.
2018.8.30 SM

北上川・水際和
2018.8.30 S/M

北上川沿いの
広大な緑地
2018.8.30

かつて水路があった道
日詰
2018.8.30 S/M

かつて水路があった道
2018.8.30

紫波中央駅から日詰への道
途中の水路
2018.8.31 S/M

駅と日詰の間の水路
2018.8.31

北上川があったからこそ、日吉地区は栄えたが、今は人の姿が見られない。人々がレジャーなどで楽しめる場所になると良い。

　北上川へとつながる水路が、かつては市内各所に張り巡らされていた。今でも残るいくつかの水路は、この地区の再生の拠り所となるだろう。

　紫波中央駅から日詰に向かう途中にも水路が残っている。このような水路を再生して、魅力的な歩行者空間が生まれるとよい。

　駅と日詰を結ぶ道路からは、新幹線が通過する様子が見える。

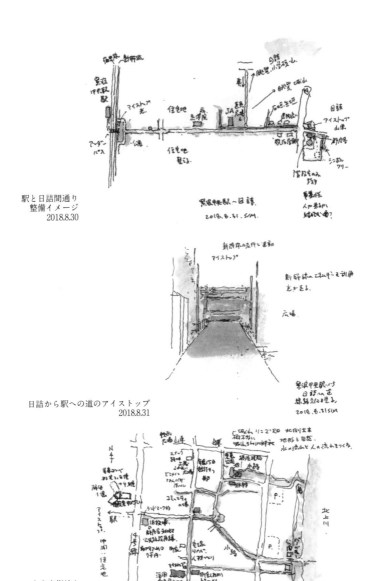

駅と日詰間通り
整備イメージ
2018.8.30

日詰から駅への道のアイストップ
2018.8.31

中心市街地と
北上川を結ぶ
回遊イメージ
2018.8.30

面白いアイストップ景観だと思う。

　水路を再生させることで、中心市街地と北上川を結ぶ魅力的な回遊路ができるだろう。

　2019年夏のシャレット・ワークショップは、福井県越前市武生で開催された。

　どこの地方都市の中心市街地も、商店街はシャッター通りと化して、人口も減少、高齢化と少子化が進み空洞化している。人々は自動車で生活するようになり、郊外の大型ショッピングセンターで買い物をする。自動車での生活に不向きで、かつ地価が高い中心市街地には誰も住もうとしなくなった。昔のようには戻れ

蔵の辻
2019.6.9

蔵の辻
2019.6.9

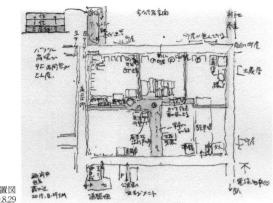

蔵の辻 配置図
2019.8.29

武生公会堂
2019.8.29

ないので、どう再生させるか知恵を絞って検討し、空間の再編を
計画・設計し、事業化して実現しなければならない。

　越前市武生の蔵の辻は、街区内に広場や通り抜け空間を創出し
たすばらしいプロジェクトだ。ずっと観たいと思っていて、やっ
と訪問できたので感激した。街区内に残っていた土蔵は、レスト
ランやバーにコンバージョンされた。土蔵などに囲まれた広場や
通り抜け道は、完全に歩行者空間で、ベンチもたくさんあって、

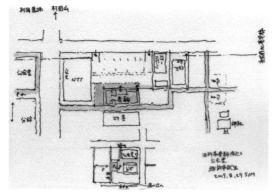

元料亭・春駒の
周辺整備イメージ
2019.8.29

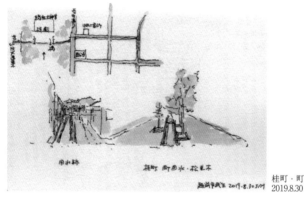

桂町・町用水など
2019.8.30

　ゆっくりできる。新しい建物は土蔵風になっており、また生垣や
板塀が設けられて景観に配慮されている。

　蔵ノ辻の配置図。街区内には駐車場もあり、車での利用にも対
応している。もちろん、駐車場の周りには生垣があり、景観に配
慮されている。

　武生公会堂は、すばらしい近代建築で、活用しない手はない。
国府だった時代に、条里制の南北軸の起点になったところでもあ
り、歴史を物語る重要な場所でもある。

　この公会堂の近くに、元料亭だった「春駒」という数寄屋建築

がある。この春駒と中心市街地をめぐる歩行者空間が形成されると良いと思う。

　桂町・町用水など。かつて武生のまちには、多くの用水路が張り巡らされていた。その一つが、総社大神宮の拝殿前にも流れていて結界となっていた。そこには、石の橋だけが残されている。このような歴史的デザインの痕跡をもとにして、新たな都市デザインを生み出していけるとよい。

2-7 研究室活動で

　研究活動や、ゼミ合宿で、学生達と共に継続して訪れているまちや地域がある。そこでは、市民ワークショップや協働活動などを集中的に行いながら、どのように改善、再生させていくか検討し、社会実験を行いながら、少しずつ実際のプロジェクトを実現させている。このような研究活動やゼミ合宿では、現地に数日間滞在するものの、学生達も一緒なので、自由時間はなかなかとれない。ちょっとした時間に描きためたスケッチである。

研究プロジェクト

　福島県二本松市竹田・根崎地区は、私が早稲田大学都市計画研究室の大学院生だった頃からの研究フィールドだ。二本松は、近世城下町都市で、城は戊辰戦争で焼け落ちたものの、石垣が残り、大手門から続く箕輪門などが復元されている。

　奥州街道の要衝だった二本松城は、地形を上手くつかった天然の要塞だった。城山の上には、天守台の石垣が残っている。

　竹田・根崎地区は、二本松駅から徒歩 20 分ほどのところにあ

二本松城箕輪門
1999.2.14

二本松城
2018.9.17

竹田・根崎地区の土蔵
1999.2.15

竹根通りの景観
2021.6.7

るかつての町人地である。明治期に大火があったので、古い町家は残っていないが、敷地奥に多くの土蔵が残っている。これらのいくつかは、居酒屋やカフェ、資料館へとコンバージョンされている。

　竹田根崎地区では、メインストリート・竹根通りを拡幅整備しつつ、景観づくりを行った。遠くに安達太良山と城山を望む、ほんとうの空が広がる景観づくりが実現した。

　福島県南会津町舘岩地区での集落再生支援活動は、芝浦工業大

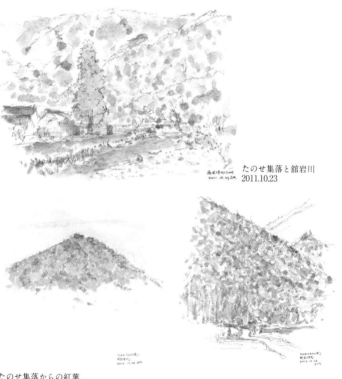

たのせ集落と舘岩川
2011.10.23

たのせ集落からの紅葉
2014.10.26

学のセミナーハウスがあったご縁で始まり、ずっと継続している。過疎化が進み厳しい状況は続いているが、美しい山村風景を回復する取り組みや、地元産業を育成するための特産品開発などを支援して、少しずつ成果を収めている。

　特に熱心に活動している「たのせ集落」には、美しい山村の風景があり、特に秋は舘岩川の清流が紅葉に映えて美しい。この集落は、特産品を開発し、それを直売所で販売する活動を続けている。志村研究室は、近年では特産品のラベルのデザインや、たのせふるさと祭り開催の支援を継続して行っており、毎年、支援活動で多くの学生達と共に訪問している。活動の合間に、少しずつスケッチを描きためている。

　茅葺きの曲家が残り、重要伝統的建造物群保存地区に指定されているのが、舘岩地区の前沢集落だ。ここでも、トタン張りの小屋を茶色のペンキで塗る修景活動を行った。

　曲家の一つが資料館になっており、内部も見学できる。ここの曲家の形式は、中門造と呼ばれている。

　温泉が出る湯ノ花集落も、集落再生活動で頑張っている。ここには湯ノ花舞台と呼ばれる農村歌舞伎などが行われていた木造の建物が残る。神社と対になって建てられていることから、舞台と

前沢集落
2017.9.12

その前の広場が、この集落のコミュニティの場になっていることを表している。

　湯ノ花舞台の屋根は赤色のトタンが張られていたが、修景活動によって茶色のトタンに張り替えられた。

　もちろん、ここにも美しい山村風景がある。中央に見えるのは、この集落の大工さんが建てた水車小屋だ。

　曲家の民家も数軒残っており、そのいくつかは、民宿や食堂になっている。おいしい蕎麦も食べられる。

　セミナーハウスから山を少し登ると、会津高原リゾートがある。

曲家資料館
2012.9.7

湯ノ花舞台と二荒山神社
2017.9.13

湯ノ花舞台
2005.8.18

湯ノ花の風景
2017.9.12

曲家内部
2017.8.1

会津高原スキー場
2017.9.13

会津高原のホテル
2017.9.13

ここのスキー場は、冬場、パウダースノーが楽しめる。夏場でも
様々なレジャーで楽しめる。
　スキー場に隣接して、ホテルが何軒か建っている。スキー場の
ゲレンデから見る山が連なる風景は美しい。

ゼミ合宿

　志村研究室のゼミ合宿は、神奈川県葉山町にあったセミナーハ
ウスで行うことが多かった。毎年2泊3日して、議論と懇親を深

めることに没頭できた。セミナーハウスはこぢんまりしていたが、すぐ近くに海水浴場があり、江の島が見えて、天気が良い日には富士山も望める。

　源頼朝ゆかりの森戸神社も近い。鳥居が海の方にも建っている。海から参拝するルートがあるのだろう。

　森戸の海水浴場。学生達は、研究発表の合間の自由時間で海水浴を楽しんだ。夜は、この砂浜でバーベキューをするのが毎年の恒例だった。

　風光明媚な葉山には、別荘建築が多い。どこのお金持ちだろう

葉山から江の島を望む
2010.8.4

森戸神社
2003.8.8

森戸海水浴場
2012.8.9

葉山の別荘
2011.8.11

葉山の別荘
2011.8.11

か、凝ったデザインが多いので、別荘めぐりも楽しかった。青瓦と軒まわりの装飾・コーニスが特徴的で、地中海建築を思わせる３階建ての大きな別荘。広い庭は、建物外壁と合わせた塀で取り囲まれていた。

　葉山海岸に面する別荘。コテージ風で２階の大きな窓とベランダからの眺めはさぞ見事だろう。

　その後、本学のセミナーハウスは全て閉鎖されたので、研究室のゼミ合宿の開催場所は転々とした。ちょうどその頃、香川大学との連携が始まり、小豆島にある香川県の施設で合宿させて頂いた。小豆島へは、高松港からフェリーに乗る。

高松港
2019.8.4

土庄地区の漁港
2019.8.5

合宿所は、小豆島の土庄地区にあった。この地区には、フェリーが着く港とは別に漁港がある。温暖な気候と綺麗な海に囲まれてよい環境だ。東京からは遠いが、学生達は大いに楽しんだ。

　私が気に入ったのは、俳人・尾崎放哉が亡くなるまで過ごした家屋だ。木造平屋建ての簡素な建物で庭も小さいが、心が静まる空間だった。風鈴がたくさん吊されていた。

　尾崎放哉邸の庭からは、西光寺の三重塔が望める。放哉の代表的な句は「咳をしても一人」。ここで俳句づくりに没頭した様子がうかがえる。

尾崎放哉記念館
2019.8.5

尾崎放哉記念館からの
眺め
2019.8.5

2-8　地元で　大学キャンパスと佃・月島

　スケッチを描くのは、研究活動などでどこかに出掛けている時が圧倒的に多い。しかし時々は、私の地元の中央区佃・月島や、芝浦工業大学の豊洲キャンパスや大宮キャンパスで描くことがある。

芝浦工業大学キャンパス

　豊洲キャンパスを描くのは、建築学科１年生の授業で、スケッチについて教えるときだ。キャンパスに散らばってスケッチする学生達と一緒に、私もほぼ毎年描いている。豊洲キャンパスの校舎は、研究棟、教室棟、交流棟の３つに分かれている。描くのはたいへんかもしれないが、スケッチとしてまとまりやすいのは研究棟だと思う。大階段の上は、中庭から運河側へ抜ける中空になっているし、窓の間に配管を納める縦リブがついていて彫りの深いファサードだからだ。

研究棟
2019.5.17

研究棟
2017.5.15

教室棟と交流棟の間
2020.6.3

　教室棟と交流棟は、ガラスののっぺりとしたファサードなので、スケッチして面白くない。そこで両棟を結ぶブリッジ部分を描いた。

　内部空間で特徴があるのが教室棟だ。2階から4階までが吹き抜け空間で、各階はエスカレーターで結ばれている。大学にしては贅沢な空間だ。

　本学の大宮キャンパスは、緑が多く環境がよい。大宮キャンパスでスケッチするのもよいと学生達には話している。この

教室棟の吹き抜け
2018.5.23

大宮キャンパスの入口
2019.5.4

大宮キャンパスの
ケヤキ並木
2019.5.4

キャンパスは、近隣の方々が「深作の山」と呼ぶように、高地になっているので、キャンパスに入るところからいくつかの階段を上がらなければならない。教室に駆け込む学生にとっては大変かもしれないが、大雨になっても浸水する心配がなく、地盤がよく地震にも強いので、何か自然災害があったら、このキャンパスに逃げ込むと良いと学生達には言っている。

このキャンパスの中央広場にはケヤキ並木がある。2号館が建った時に、この並木一列が伐採されたのは残念だったが、3号館から図書館へ向かうところは、二列の並木が残り、さらにその両側は雑木林になっている。自然に囲まれて気持ちよい。大宮キャンパスで一番好きな場所だ。

佃・月島

ホームタウンの中央区佃・月島では、滅多にスケッチしない。地元でスケッチしていると、すぐに知り合いに見つかってしまう。話しかけられてスケッチに集中できないので、特に月島ではほとんど描かない。

かつて佃島と呼ばれた佃一丁目にある住吉神社は、本当によい

佃島 住吉神社.
2020.4.16 SIM.

住吉神社
2020.4.16

森稲荷神社
2020.4.15

ところだ。参拝する人々、話し声、日差し、風、音、匂い、鳥の
さえずり、虫のねといった空間のうつろい、営みに気づく。境内
はいつも掃き清められている。
　佃島の下町にある森稲荷神社は、小さな祠だが立派なつくりで、
それこそ近隣の方が毎日綺麗に掃除しいるのだろう、いつも塵一
つ落ちていない。右側に立てかけてある箒とちりとりが、毎日こ
まめに掃除されていることを物語っている。

2-9 東京の各地で

　地元の月島や豊洲以外の東京各所を描くことも少ない。東京では、毎日忙しい日々を送っているし、どこも人が多く落ち着かない。スケッチをする気分にはなかなかなれない。

歴史を垣間見る

　本学建築学科１年生のオリエンテーションが、上野の不忍池にほど近いホテルであった。そのオリエンテーションが始まる前に、池の畔まで行って描いたスケッチだ。満開のソメイヨシノが池に浮かんでいるかのよう。春は、弁天堂よりも桜が主役になる。この不忍池はもっと大きかったが、周辺の開発により徐々に小さくなった。バブル景気の頃に、この池の下に巨大な地下駐車場を建設する計画があったが、自然環境保護と歴史文化の継承を訴える市民団体の反対運動によって阻止された。

　しばらく、青山学院大学の非常勤講師を務めていた。青山キャンパスのデザインはすばらしい。青山通り沿いにある正門から

不忍池
2010.4.6

青山学院大学
イチョウ並木
2017.10.12

青山学院大学 二号館
2017.10.5

真っ直ぐ延びる美しいイチョウ並木が緑の軸線になっている。また並木道の脇にならぶベンチは、学生や教職員の憩いの場所になっている。

並木道の両側に建つ一号館と二号館は、アーチ状のゲートがシンメトリーになっている。すばらしいデザインだが、これに気づく学生は少ない。

2020年3月末に閉鎖され、解体された原宿駅。1924（大正13）年、関東大震災の後にいち早く再建された駅舎で、ハーフ

ティンバー様式の外観と、風見鶏がついた八角塔が愛らしかった。ちょうどその頃、高輪ゲートウェイ駅が開業した。高輪ゲートウェイ駅の開業は、多くのメディアに取り上げられて建築関係者も注目していた。しかしどれだけの人々が、解体される原宿駅に注目していたか。寂しい気持ちになった。

原宿駅
2020.3.18

2020年7月に出土した「高輪築堤」。日本初の鉄道を敷設するために築かれた。大きなニュースになったが、現地保存されるのは、第7橋梁部の周辺のみらしい。このスケッチは、高輪ゲートウェイ駅のデッキから描いた。高輪堤防自体は少ししか見えないが、高輪大木戸跡の巨木の緑と、泉岳寺へと続く坂道や神社が見え

高輪築堤
2021.6.2

かわてらす
2019.2

東京港
2018.5.1

臨海導後より
2018.5.1 SM

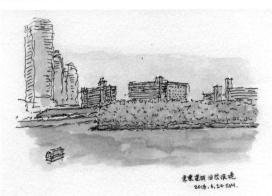

東京港旧防波堤
2018.6.24

東京港河 旧防波堤
2018.6.24 SM

る。このような周辺の歴史的資源との関係を意識しながら整備すると、高輪築堤の保存がより活かされるだろう。

水辺

　隅田川沿いの清澄白河にできた、全国的にも珍しい公共空間の「かわてらす」。かわてらすとは、河川法の許可準則制度の適用を受けて、河川空間内に整備されたテラス。このような空間がもっとできるとよい。

　東京港。レインボーブリッジの足下には、第6台場と、第3台場も見える。近代的な風景に見えるが、ここでも歴史の積み重ねを読みとることができる。

　豊洲の有明の間にある東京港旧防波堤。昭和初期に東京港が開港した時に、静穏な内湾を形成するために築かれた。立入り禁止だが、湾岸地域の貴重な緑地になっている。

2-10　余暇で

　もちろん、仕事以外の旅行といった余暇でもスケッチを描く。時間に余裕がありそうな時は、いつもスケッチ道具を持ち歩いている。

旅行

　愛犬と一緒に滞在した軽井沢のホテル。森の中にあるログハウ

軽井沢のホテル
2017.9.7

軽井沢の御影用水
2017.9.6

スの一戸建てなので、愛犬とゆっくり過ごすことができる。気に入っているので、何度も滞在している。

　同じく愛犬と滞在したホテル近くにある軽井沢の御影用水。この用水は江戸時代に開削された由緒ある農業用水だが、水温が低く稲作には適さなかったため、戦後に水路幅を広げて日光や空気に接することで水温を上げる「温水路」が整備された。水深は浅く、せせらぎのようになっている。

田舎

　両親が住む栃木県野木町の住宅。私が小学校３年生から高校時

野木町の住宅
2010.6.19

縁側からの眺め
2010.9.11

代まで過ごした家でもある。敷地面積が約 150 坪あり、広い庭は
いつも緑で溢れている。両親は、ここで草花や野菜を育てるとい
う理想的な隠居生活を送っている。何の変哲もない和風住宅だが、
ヒノキ材を使っていることと、屋根の「一文字瓦」が気に入って
いる。

　縁側からの眺め。この家の南側には街区公園があり、そこのケ
ヤキや築山の緑が庭の借景になっており、豊かな緑を楽しむこと
ができる。庭がない月島の家からここに行くと、大いにリフレッ
シュできる。

2-11　スケッチが楽しくなる時

　スケッチが習慣化したのは、2009 年の米国留学時だったが、スケッチが楽しくなったのは、1998 年にイタリアを訪問した時だった。

都市デザインワークショップ
　スケッチが楽しくなったのは、1998 年にイタリアのエミリア=ロマーニャ州のサッスオーロで開催された国際都市デザインワークショップに参加した時からだ。このワークショップには、米国のカリフォルニア大学の教員と学生、イタリアのフェラーラ大学の教員と学生、そして日本からは早稲田大学の教員と学生が参加した。2 週間かけて、サッスオーロの中心市街地の再生を提案した。このワークショップの合間に何枚かスケッチを描いた。
　郊外に、貴族の邸宅・宮殿だったという Plazzo Ducale が残っている。17 世紀の建築が、しっかり保存されているのが、いかにもイタリアらしいと思った。

Plazzo Ducale
1998.6.5

やはり郊外に行くと、緩やかな丘陵地を背景に、美しい田園風景が続いている。家畜の餌になるのだろう、藁の大きなロールがたくさん転がっていた。これもイタリアらしい風景だと思った。

　スケッチが楽しくなったのは、ワークショップに参加していたイタリア人達が、私のスケッチをとても褒めてくれたからだ。その時私は単純に、さすがは多くの芸術家を輩出してきたイタリア人らしいと思ったが、なんだかスケッチが楽しくなってしまった。また私はイタリア語を挨拶程度しか話せなかったので、お互い片言の英語で、イタリアと日本の建築や都市、風景について、スケッチやイラストを通じて語り合ったこともよい思い出になっている。

　サッスオーロにほど近い都市・モデナの大聖堂。ワークショップの合間に立ち寄った。モデナは、エミリア＝ロマーニャ州モデナ県の県都で、古代まで遡る歴史的な都市。ロマネスク様式の大聖堂は、まちの真ん中にある。

　またワークショップに参加する前に、エミリア＝ロマーニャ州の州都であるボローニャに立ち寄った。大聖堂の石段に座って、マッジョーレ広場をスケッチしていると、大勢のイタリア人の若

田園風景
1998.6.7

モデナの大聖堂
1998.6.7

マッジョーレ広場
1998.5.31

者が私のスケッチを見に集まった。女の子からは、「私のことも
描いて」と頼まれた。このようなイタリアでの体験が、私をス
ケッチ好きにしてくれた。

ワークショップの後

　ワークショップの後に、早稲田大学のメンバーと共に、イタリ
ア国内の都市や建築を視察して回った。すっかりスケッチが楽し

くなっていたので、視察の合間にスケッチを重ねた。

　ミラノの中心部にあるスフォルツェスコ城の尖塔。壮大な城塞で、時計塔でもあるこの尖塔は、まちのランドマークになっている。

　コモ湖。コモはミラノの北にある古いまち。昔から避暑地として有名で、お金持ちの別荘が建ち並ぶ。特に、このコモ湖の周りの景観は美しい。リッチな気分になれた。

スフォルツェスコ城
1998.6.14

Castello Sforzesco
in MILANO
98.6.14
SIM

コモ湖
1998.6.14

Lago di Como
98.6.14 SIM

Piazza Vecchia
Bergamo
'98. 6. 15 SIM

ヴェッキア広場
1998.6.15

Torrazzo Duomo
Cremona
'98. 6. 16 SIM

クレモナ大聖堂の鐘楼
1998.6.16

　やはりミラノの北東にあるベルガモの旧市街地・ヴェッキア広場。どの建物も美しかったが、特に美しいと思った３階に上がっていく階段部分を描いた。

　クレモナ大聖堂の鐘楼。クレモナは、ミラノの東にあるバイオリンの名器・ストラディバリウスを生んだまち。レンガ造りらし

いが、すごく高い鐘楼だったので、一番美しい頂部のみを描いた。

　イタリアでスケッチした時は、たいてい誰かがスケッチブックをのぞき込み、声を掛けてくれた。このような風景を見つめることでのふれあいや共感が、スケッチを楽しくさせるし、まちづくりの土壌となり、楽しく暮らせるまちを育むのだと思う。

第 3 章

建築・まちづくり学

前章「スケッチの履歴」で、私が描いてきた約 500 枚のスケッチのほぼ半数を紹介した。一通り目を通して頂いて、どのような機会にスケッチするのか、何を描くのか、どうすればスケッチを描きためられるのか分かって頂けたと思う。

　ここでは、スケッチを描くことの本質やまちづくりや景観との関係、そして近代都市計画を乗り越えた未来の都市デザインや地域デザインについて述べたい。

スケッチとは何か？

　前章では、各スケッチについて、いつどこで、何をどうして描いたのか、どう思ったのかなどの説明文を添えたが、それらのほぼ全ては、私の頭の中にずっと記憶されている。スケッチを描くと、不思議なほどその時の空間や様子、建築やまちの由来といった情報、さらに自分のとっていた行動を覚える。その後、常日頃は思い出すことはまずないが、スケッチを眺める度に、その時の記憶が鮮やかに蘇る。今のところ 500 枚のスケッチを描いているが、本当にその一つ一つを描いていた時の空間や様子、建築やまちの情報、自分の行動を全部覚えている。今回、本書を執筆するにあたり、全てのスケッチを見直したので、全部記憶していることを確認できた。今後、おそらく数年でスケッチの数は 1000 枚に達すると思うが、どれだけ多くなっても、スケッチをした時のことは全て記憶するだろう。

　分かって頂いたと思うが、決してスケッチを目的にどこかに行くわけではない。私の場合は、ほとんど研究活動、つまり仕事で出掛けて、仕事の合間にスケッチしている。だから必ずしも、研究対象を描いているわけでも、有名建築を描いているわけでも、観光スポットを描いているわけでもない。ちょっと一息ついたところでふらふらと散策し、たまたま見かけた建築や風景を描いている。なので「なんでこんなものを描いたのか」と思われるス

ケッチもあるだろうが、いわば気になったその土地ならではの風景、しかしながら、その土地の人々にとっては普通の日常的な風景を描いているのだと思う。特に「2‐1　研究留学で」のスケッチは、バークリーの日常的な風景の典型だろう。

　ここで私のスケッチと、フィールドワークとの違いを確認しておきたい。フィールドワークとは、「あらかじめ研究対象地に関する資料を収集して予習を行い、現地調査の計画を立て、現地に赴き、状況を観察して、また現地の人々の話を聞き、かつ現地において資料を収集し参照することで、研究対象の本質を明らかにしようとする専門性の高い学術的作業である。調査結果は、フィールドノート（野帳）に記録していく。広義には、「子ども達の自然観察調査や、大学生のゼミナール、演習科目での現地調査なども含む」と定義できる。

　私のスケッチは、「2‐3　海外調査で　まちづくりプロジェクト」や「2‐6　デザインワークショップで」などを除いて、「合間に」「たまたま見かけた」「気になった」ものを描いているので、フィールドワークではないことになる。フィールドノートか、あるいはスケッチブックを使う点は似ているが、予習はあまりしていないし、計画も立てていない。研究者の性分で、描くものについて大体の予備知識をもっているし、また知的好奇心から後で調べるので、その名称や由来や意図についての知識は得るが、計画性のある学術的作業では決してない。

　では単なる趣味か？　というと決してそうでもない。第1章で述べた通り、スケッチはまちづくりの専門家や建築・都市デザイナーにとって、自己研鑽のための優れたトレーニングと言えよう。描写力を高めるだけではなく、何気なくある風景から価値あるものを見つけ、正確に捉え表現する能力を養う。私自身、まちづくりの研究者としての視座やアプローチを確認するための機会であることが、第一の意義だと考えている。

フィールドワークとは別に、まちづくり活動などでよく行われる「まち歩き」がある。まち歩きとは、「グループでまちを歩き、楽しみながら歴史や文化を学ぼうとするものであり、専門性の低い一般市民が中心となって行う作業」と定義できる。

　私はまちづくりの専門家だが、スケッチはどちらかというと、まち歩きに近いような気がする。仕事の合間に、まちを歩いて、たまたま見かけた、あるいは気になったものを描いているからだ。異なる点は、「グループ」ではなく、「一人」ということだが、私はスケッチを描いた後に、学生や仕事関係者、まちづくりの仲間などに描いたものを見せて語り合う。これはまち歩きのグループ作業に近いものだと考えている。

　スケッチとは、描き手の主観的価値の視覚的表現だと思っている。描いたスケッチには、文化財に指定されている建築物もあるので、公的価値が認められているものも多いが、例えば大学キャンパスや水辺の風景などには、公的な価値はほとんど認められていない。「これはよい、美しい、面白い」というのは、描き手の主観的価値でしかない。それが、スケッチを見せながら、そこで暮らす人々、一般市民、専門家、自治体職員といった様々な人々と語り合うことで、「共感」の輪が広がっていく。写真でも可能かもしれないが、伝えたいものを強調して表現できるスケッチの方が、人々を引き込み、共感させる媒体になるだろう。私の場合、時によってはスケッチにメモを添えているのは、伝えたいことを示すためだ。

　特に、日常的な風景は、個人の主観的価値で片付けてしまっては、時が経つにつれて失われてしまう。例えば、歴史的都市のほとんどは、風土と文化にもとづく個性的で魅力的な景観をもっていた。しかし、かつては地域社会の中でその価値感が共有されていたが、戦後の近代化と都市化によって地域社会が変化し、価値感が共有されなくなった。その結果、個性的で魅力的な景観の多

くは失われてしまった。このように、近代化の急激な変化の中で、便利さや快適さを第一と考えるあまりに、歴史的に積み重ねられてきた日常的な風景の価値が忘れ去られ、少しずつ失われていったのだ。

いかに共感の輪を広げて、主観的な価値を公的な価値に近づけるか模索していかないと、人々にとっての大切な風景が失われていくし、いつまで経っても日本の景観はよくならない。

日常的な風景は、そのまちや地域の本質的価値が可視化されたものであり、本当に大切なものなのだ。日常的な生活風景のことを、後藤春彦は「生活景」と呼んで、暮らしに身近な景観価値の発見を促そうとしている。

生活景とまちづくり

生活景とは、「人間をとりまく生活環境のながめ」であるという。それは私たちの日常的な暮らしを反映するものであると同時に、歴史的に形成され、地域風土や伝統に依拠した生活を通じて生み出されたながめでもある。特に際立った印象を与えるものではないにしても、一つ一つの建築、一つ一つの景観要素が集まってつくりだす、地域性を感じさせるながめでもあり、地域の景観の基調をなすものと説明されている。

都市計画・デザインの歴史を振り返ってみると、「ながめ」つまり人々の視覚的イメージから都市を計画・デザインすることの重要性は、すでにケヴィン・リンチが1960年に『都市のイメージ』で指摘していた。彼は、都市が人々によってどれだけイメージされるかというイメージアビリティ(imageability)が、美しく楽しい生活環境をつくる要件だとした。さらに個人のイメージアビリティのままではなく、多くの人々が共通にもつパブリック・イメージへと展開させることの大切さを指摘した。リンチは、パブリック・イメージを醸成するために、模型を小型カメラで映

す「ビジュアル・シミュレーション」の手法を研究・開発した。ビジュアル・シミュレーションは、人々の間にパブリック・イメージを育成するのに役立つ方法で、現在も多くの都市デザインの現場で用いられている。

　これとはまた別の視点として、1960年代に、人々が受け身ではなく、自ら主体的に共通のイメージを描くことの大切さを指摘し、その手法を提示したのが、ローレンス・ハルプリンだった。彼は、どんなに優れたデザインでも、押しつけでは人々は納得しないし、コミュニティの自律力は高まらないと指摘した。関係者の主体的な創造的プロセスが必要であるとし、そのための手法として、創作ダンスの手法にヒントを得た「創造的協働作業・デザインワークショップ」を、ランドスケープデザインや都市デザイン、建築デザインの分野に持ち込んだ。「2−6　デザインワークショップで」などで示したように、現在もデザインワークショップや市民ワークショップは、米国や日本だけではなく、世界的に様々なまちや地域で行われている。

　デザインワークショップを提唱したハルプリンは、たくさんのスケッチやイメージ・ドローイングを残している。彼の描いたものは、デザインワークショップを含めて、様々な人々との対話に用いられたのだろうと想像している。彼は、代表作であるサンフランシスコのリーバイス・プラザ（Levi's Plaza）では、「この丘で恋人達が語り合う」「このせせらぎで、子ども達や家族が楽しむ」「この木陰で、お年寄りが休憩する」など、場所毎に豊かなイメージを抱きつつデザインした。その創造的プロセスで用いられたのが、スケッチやイメージ・ドローイングだった。彼は優れたデザイナーだったが、決して絵画や芸術作品として、スケッチやイメージ・ドローイングを描いたのではなく、対話の道具としてそれを用い、また実際に実現した空間も、人々の対話を生み出すべきものと考えたのだろう。

そして 1970 年代の後半から、「まちづくり」が日本各地で同時多発的に生まれていった。まちづくりは、人々の主観的な「想い」への共感と、主体的で創造的な取り組みが相互につながることで広がってきた。

　「近代都市計画」は、「公共性」を旗印に、法的に強い権力を有しているが、都市の全体像を俯瞰的に眺めて、景観も公的なものだけを評価してはならない。眺めや人々が抱くイメージである景観は、市民目線からの都市デザインとも言える。行政と専門家と市民が協働し、生活景を市民目線から再発見し、都市や地域に新たな価値づけを行っていくまちづくりこそが求められている。

　生活景からのボトムアップ的な視点は、近代都市計画の理念である俯瞰的視点からの合理性の追求や機能性の追求、効率性の追求とは異なる。人間目線にもとづく生活景からのまちづくりは、自分たちが住み暮らすまちをなんとかしたいという人々の想いと活動を呼び覚まし、地域アイデンティティを豊かにするだろう。

　地域アイデンティティが豊かになることで、スケッチも楽しくなり、多くの人々がいたるところでスケッチを描くようになるだろう。反対に、多くの人々がいたるところでスケッチを描くようになることで、地域アイデンティティも広く認識されてますます豊かになる。

近代都市計画を乗り越える

　まちづくりの視点からのスケッチが広がっていくことで、大上段に構えた言い方だが、まちづくりがずっと追い求めている近代都市計画を超える都市デザインや地域デザインが実現すると思っている。

　近代都市計画は、20 世紀に入ってからは自動車の存在を前提としてきた。1908 年に、米国の自動車メーカー「フォード」が大量生産による低価格を実現した「モデル T」を販売し始めたこ

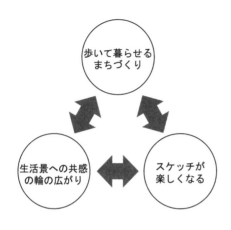

歩いて暮らせる
まちづくり

生活景への共感
の輪の広がり

スケッチが
楽しくなる

歩いて暮らせるまちづくりと
生活景とスケッチとの関係

とで、世界的に自動車が普及し始めたからだ。1960 年には、自動車での移動を最優先する近代都市・ブラジリアも出現した。しかし今、環境問題や自然災害問題、高齢化社会問題、地域コミュニティの衰退問題、コロナウイルスの感染拡大による移動制限問題などから、「歩いて暮らせるまちづくり」がより一層強く提唱されている。歩いて暮らせるまちづくりは、コンパクトシティや公共交通やオンデマンド交通の普及といった機能面だけでは実現しない。また歩道を広くするといった公共事業だけでは実現しない。

　何よりも、人々が「歩きたくなる」、「歩くことで、心が豊かになる・楽しくなる」、「歩くことで、ふれあいが生まれる」といったことがないと、歩いて暮らせるまちづくりは決して実現しない。人間の心理や気持ちは、機能性や合理性だけでは説明できない。だから歩いて暮らせるまちづくりは、近代都市計画を超えた命題なのだ。ではどうすれば歩いて暮らせるまちづくりが実現するのだろう。それは生活景の醸成であり、生活景の価値が共感となった地域社会を実現することである。

　スケッチをする時には、描く対象を探すために歩く。「歩いて

暮らせるまちづくり＝生活景への共感の輪が広がる＝スケッチが楽しくなる」という図式が成り立つだろう。

　近代都市計画は、巨大化し高密度化する都市を背景に、密度のコントロールと機能性や合理性の追求を旗印に、欧州から世界各地へと広まった。ますますグローバル化が進む現代においては、近代都市計画だけではなく、世界的に標準化する思想が広がっている。しかし一方では、標準化では生じ得ない、新たな発想や知恵を生みだすローカルを強化することの必要性も指摘されている。グローバルとローカルが触発し合うという発想である。生活景を含む景観は、ローカルの豊かさや可能性が具現化したものであり、ローカルの強化によって整えられることになり、世界を変えていく具体的な原動力になるだろう。

　また人々の生活感が色濃くにじみ出た景観である生活景は、いわゆる下町の近隣コミュニティが形成してきたものが典型的だ。そこで見られる「声かけ」や「見守り」、「助け合い」といった慣習が、高齢化社会による福祉の問題を解決することになるだろう。「いつも暇そうに縁台に座っているおじさん達」「井戸端会議ばかりしているお喋りおばさん達」が、世界的な問題を解決するかもしれない。このような考え方は、約1世紀前の田園都市・ガーデンシティには存在したが、その後の機能性や合理性、効率性を追求していった近代都市計画からは忘れ去られている要素だ。「自動車が入って来られない路地に、植木鉢が並べられている」という風景が、もしかしたら近代都市計画を乗り越えた最先端の都市計画・デザインかもしれない。

　スケッチで描くことや生活景への価値認識は、「昔を懐かしんでいるだけのノスタルジーだ」と言われることがあるが、それは近代都市計画に染まった考え方だろう。近代都市計画を乗り越えた考え方をもたないと、環境問題や高齢化社会問題、地域コミュニティの衰退問題は解決せず、人間社会に未来はない。

私のスケッチはつたないものだが、「建築・まちづくり学のスケッチ」が広く認識されて、脱・近代都市計画の時代が訪れることを願っているし、その為に今後も精進していきたい。

おわりに

　読者の皆様、特に学生の皆さんは、本書をご一読頂いて、はたしてスケッチを描く気になって頂けただろうか。

　多くの方々に建築やまちをしっかり観て頂くように、特に建築学科の学生にはスケッチを描くようになって欲しいという願いで本書の執筆を思い立った訳だが、はたしてその目的は達成されるだろうか。

　花伝社の佐藤恭介様には、様々なアドバイスを頂いた。どうしたら、スケッチを描くように学生達を勇気づけられるか。例えば、「下手なスケッチはないですか？　上手いものばかりだと、学生は気後れします。こんなものでよいのだと思える、下手なスケッチを入れて下さい」、「学生や若者を励ますような、私も描けるかもと、思われるように」というアドバイスだ。そこで「第2章スケッチの履歴」では、つたないスケッチから、簡単に描いたもの、乱雑なメモも含めることにした。時系列でスケッチを紹介していくことも考えたが、スケッチの年月日を記して、スケッチをしてきた場面毎に紹介することにした。どのような機会にスケッチするとよいのか分かって頂けることを第一と考えたからだ。それにしてもこの第2章では、スケッチの大きさや印刷の色味の検討で、佐藤様をはじめとする花伝社の方々の手を大いに焼かせてしまった。ここに深く感謝申し上げたい。

　また、「第1章　建築・まちづくりに向き合うスケッチ」では、スケッチ道具の紹介や、すでに多くの学生達は知っていると思いつつも、描写の仕方を簡単に手解きした。私なりに、いろいろと工夫したつもりである。

今の建築学科の学生達を見ていると、タブレット端末に、タッチペンで絵やイラスト、スケッチを描く学生が多くなってきた。これからの時代は、そのようなデジタル作業の方が多くなるかもしれない。それでもよいと思うし、私も少し余裕がでてきたら、学生にタブレット端末の使い方を教えてもらって挑戦しようと思っている。線も引き直すことができるし、いちいち水を出して、水彩絵の具を溶かす必要もない。もしかすると、手描き以上に手早く表現力があるスケッチを描けるかもしれない。何よりも、デジタルの方が、学生達とわいわい言いながら、一緒になってスケッチできそうだ。やはり一緒にスケッチして、描いたものを見せ合うのが、学生達がスケッチを描いてみようと思ってくれる最善の方法だと思う。また、描いたものを、すぐにインターネットで発信して、SNS上で語り合うのも、建築やまちへの想いを共有する一つの方法になりつつあると思う。このコロナ禍を逆手にとり、すっかり普及したオンラインを上手く活用してやろうと考えている。

　歴史を振り返ってみると、パンデミックの後には、建築デザインや都市デザインが大きく転換した。ルネサンスがそうだったし、ガーデンシティの出現も、近代建築の出現もそうだった。コロナ禍の後には、新しい建築・都市デザインの時代が始まると予感している。本書が、その一助になれば幸いだと思っている。

参考文献

はじめに

内田百閒『第一阿房列車』『第二阿房列車』新潮文庫、2003

内田百閒『第三阿房列車』新潮文庫、2004

第1章

アンデシュ・ハンセン『スマホ脳』新潮新書、2020

日本建築学会『まちづくりの方法』まちづくり教科書シリーズ第1巻、
丸善出版、2004

第2章

2−1

佐藤滋　他『図説　城下町都市』鹿島出版会、2015

北沢猛　他『都市のデザインマネジメント』学芸出版社、2002

2−2

Walk21：https://walk21.com/

SEATUC：http://plus.shibaura-it.ac.jp/conf/seatuc2021/

Pacific Rim Communtiy Design Network：http://prcdnet.org/

ル・コルビュジエ『輝く都市』SD選書33、鹿島出版会、1968

クラレンス・ペリー『近隣住区論』鹿島出版会、1975

2−3

細田渉・澤野明・志村秀明「まちづくり協議会が主体となる「船カ
フェ」の実践」『日本建築学会技術報告集』第41号、日本建築学会、
2013、303〜308頁

ニュー・ラナーク：https://www.newlanark.org/

ミニ・ミュンヘン研究会、卯月盛夫『ミニ・ミュンヘン　子どもがつ

くる、もうひとつの都市』萌文社、2010

服部圭郎『人間都市クリチバ』学芸出版社、2004

2－4

エッシャー美術館：https://www.escherinhetpaleis.nl/

日本建築学会都市計画委員会景観小委員会：https://keikansyouiinkai.
jimdofree.com/

2－5

司馬遼太郎『街道をゆく11　肥前の諸街道』朝日文庫、1983

2－6

日本建築学会　学生と地域との連携によるシャレットワークショッ
プ：http://urbandesignsupport.com/wp/charrettews-takefu/

ラフカディオ・ハーン『新編　日本の面影』角川書店、2000

2－7

芝浦工業大学地域デザイン研究室：https://www.sim.arc.shibaura-it.
ac.jp/

日本建築学会『まちづくりの方法』まちづくり教科書シリーズ第1巻、
丸善出版、2004

第3章

志村秀明『東京湾岸地域づくり学』鹿島出版会、2018

ケヴィン・リンチ『都市のイメージ』岩波書店、2007

ローレンス・ハルプリン『PROCESS ARCHITEXTURE』No.4、プロ
セス・アーキテクチュア、1978

Lawrence Halprin: https://tclf.org/pioneer/lawrence-halprin

佐藤滋　他編『まちづくり教書』鹿島出版会、2017

エベネザー・ハワード『新訳　明日の田園都市』鹿島出版会、2016

志村秀明（しむら・ひであき）

芝浦工業大学建築学部教授。1968年東京都生まれ。専門は、まちづくり、地域デザイン、都市計画。北海道大学工学部土木工学科、及び熊本大学工学部建築学科卒業、安井建築設計事務所勤務を経て、早稲田大学大学院修士課程・博士課程修了、早稲田大学理工学部建築学科助手、芝浦工業大学工学部建築学科助教授・准教授・教授を経て、2017年より現職。博士（工学）、一級建築士。日本建築学会奨励賞（2006年度）受賞。福島県二本松市竹田根崎竹根通り沿道地区で、都市景観大賞・都市空間部門・優秀賞（2015年）受賞。
主な著書に『まちづくりデザインゲーム』（共著、学芸出版社、2005）、『月島再発見学』（アニカ、2013）、『東京湾岸地域づくり学』（鹿島出版会、2018）、『ぐるっと湾岸 再発見』（花伝社、2020）。

本扉スケッチ：名古屋市松重閘門（2020.11.6）
目次扉スケッチ：京都府伊根町舟屋群（2021.8.9）
第1章扉スケッチ：福井県若狭町熊川宿（2021.8.10）
第2章扉スケッチ：相模原市宮ヶ瀬湖（2021.7.31）
第3章扉スケッチ：伊豆大島波浮（2021.10.18）

建築・まちづくり学のスケッチ──新しい建築・地域デザインの時代に

2021年11月25日　　初版第1刷発行

著者 ──── 志村秀明
発行者 ── 平田　勝
発行 ──── 花伝社
発売 ──── 共栄書房
〒101-0065　東京都千代田区西神田2-5-11出版輸送ビル2F
電話　　　03-3263-3813
FAX　　　03-3239-8272
E-mail　　info@kadensha.net
URL　　　http://www.kadensha.net
振替 ──── 00140-6-59661
装幀 ──── 北田雄一郎
印刷・製本── 中央精版印刷株式会社

ISBN978-4-7634-0986-7 C0052

ぐるっと湾岸 再発見
——東京湾岸それぞれの物語

志村秀明

税込定価 1650 円

江戸・東京の発展を支え続けた湾岸地域。知られざる歴史と文化
をひも解き、その魅力に迫る

「何もない埋立地」「大規模開発の連続で人間味に欠ける」……そ
んな先入観を覆す、東京湾岸地域の豊かな歴史と文化。
月島・豊洲を拠点とする地域デザイン学者がつづる、とっておき
の湾岸地域ストーリー。

昔も、今も、これからも、東京湾岸はおもしろい——